T0290319

COCINA
PREHISPÁNICA
mexicana

Heriberto García Rivas

COCINA
PREHISPÁNICA
mexicana

La comida de los antiguos mexicanos

historia

Respete el derecho de autor.
No fotocopie esta obra.

Centro Mexicano de Protección y Fomento
a los Derechos de Autor
Sociedad de Gestión Colectiva

Cocina prehispánica mexicana
La comida de los antiguos mexicanos
Heriberto García Rivas

Primera edición: Panorama Editorial, 1988
Primera edición en Producciones Sin Sentido Común: 2016
Primera reimpresión: 2020

D.R. © 2020, Producciones Sin Sentido Común, S.A. de C.V.
    Pleamares 54,
    colonia Las Águilas,
    01710, Ciudad de México

Teléfono: 55 55 54 70 30
e-mail: ventas@panoramaed.com.mx
www.panoramaed.com.mx

Texto © Heriberto García Rivas
Fotografía portada: © Irafael, usada para la licencia de Shutterstock.com

ISBN: 978-607-8469-26-0

Impreso en México

Índice

Introducción

Quien penetre en el antiguo mundo histórico de México, se sorprenderá de que la mayoría de los productos alimenticios del indígena prehispánico persisten todavía. Y en la cocina de las casas contemporáneas se agrupan, como en los viejos hogares primitivos, los mismos insumos de aquella lejana antigüedad, tratados con métodos semejantes. Mostrando la reciedumbre del pasado, la actual cocina típica mexicana tiene mucho todavía de la vieja cocina prehispánica, y un vivo mestizaje conserva las tradiciones culinarias, así como defiende sus orígenes nutricios.

El intercambio de productos alimenticios entre los españoles colonizadores y los indígenas mexicanos creó la cocina mestiza, o sea la combinación de las aportaciones americanas, preparadas a la manera española, y de los ingredientes europeos (españoles), cocinados a la manera indígena. De ese modo surgió la cocina típica mexicana que, al igual que la nacionalidad, es fruto del mestizaje. La cocina mexicana se ha llegado a integrar con los pescados y animales mexicanos, las carnes de los animales traídos de España y sus colonias, las plantas y los frutos de ambos países, las salsas, los dulces y las bebidas.

De España llegaron acelgas, ajo, ajonjolí, alcachofa, apio, arroz, avena, azafrán, borraja, cabra, canela, cebada, centeno, cerdo, clavo de olor, coliflor, conejo, chícharo, espárrago, espinaca, gallina, garbanzo, haba, jengibre, lentejas, liebre, mijo, nabo, nuez moscada, oveja, paloma, pato, perejil, pimienta, rábano, trigo, vaca, yerbabuena y zanahoria. Y en México hallaron los españoles la amplia gama de productos que habremos de describir a lo largo de estas páginas.

El investigador Federico Nagel Biclicke encontró que el antiguo indígena mexicano, que habitó en el valle de Tehuacán alrededor del año 8000 a.C., se alimentaba de los animales que cazaba: perros, guajolotes, venados y otras muchas especies; pero ya cultivaba algunas verduras y quelites. A partir del año 7000 a.C. aparece entre los animales el conejo y desaparecieron los de mayor alzada, como el mamut, el caballo, los camélidos y el antílope. Entre ambas fechas, los ancestros de los actuales mexicanos comían carne en 80%, pero al escasear la caza y empezar el cultivo de especies vegetales, el consumo de carne decreció hasta 20 por ciento.

En el año 3500 a.C. se encontraron los primero vestigios del frijol cultivado y aparecieron en la mesa indígena las semillas de calabaza y el mezquite. En el siguiente milenio la variedad alimentaria se amplió grandemente, pues ya se incluían el maguey, el izote o yuca, el nopal y sus tunas, la guayaba y los huazontles. Las frutas de esa temporada incluyeron la ciruela mexicana, la chupandilla, el cosahuico, el coyol, el xoconostle, la jiotilla, la pitahaya. Desde el año 5500 a.C. se había empezado el cultivo del chile y del tomate verde, y aparecieron los zapotes negro y blanco.

Muy posterior es el cultivo del maíz, la gramínea principal de la alimentación indígena prehispánica, y a lo largo de los siglos, con la domesticación de la planta de granos tunicados hasta encontrar la actual mazorca, los indios aprendieron a comer el maíz en muchas formas diversas: lo comían tierno en forma de elotes, desgranado tierno para formar distintas sopas; maduro y molido en masa de nixtamal; en forma de tortillas; en tamales de varias modalidades mezclando la masa con otros ingredientes o rellenándola con carne, frijoles o pescado; en forma de pinole, tostando el grano y convirtiéndolo en harina y como masa desleída para preparar algunas bebidas como los atoles y licores suaves. Otros vegetales eran las múltiples especies de frijol, calabaza, chilacayote, chayote, papa, camote, guacamote, cuajilote, cuapinole, huachacote, mezquite, nopales, y una serie de yerbas como quelites, quintoniles, malva, huauzontle, diversas clases de hongos, cacomite, así como el corazón del maguey cocido. Aderezaban sus platillos con chile, en sus múltiples variedades, usando además tomate, jitomate, miltomate, jaltomate, pepitas de calabaza, *xonnacatl*, achiote, xoconostle y la llamada pimienta de Tabasco o *xocoxochitl*.

Los indígenas prehispánicos mexicanos eran de estirpe cazadora, pescadora de agua dulce y recolectora, por lo que sabían obtener un sinnúmero de bastimentos. Entre los mamíferos disponían de venados, cerdo montés o *coyametl*, conejos, liebres, tejones, comadrejas, martas, ardillas, nutrias, tlacuaches, armadillos, mapaches, osos, tapires y *tepezcuintles*. De las aves tenían el paco o guajolote, las especies *coxolitli* y *tepetototl* del faisán, ciertas palomas y codornices que criaban en domesticidad y algunos huéspedes transitorios de los lagos como patos, ánades y ánsares, y pájaros que habitaban en las selvas cercanas como chachalacas, perdices, tórtolas y gallinetas.

Surtían además su mesa con ranas, culebras, tortugas, iguanas y lagartos, peces de las lagunas y del golfo de México, pámpanos, pargos, huachinangos, congrios, sollos y besugos. En cuanto a las frutas silvestres cultivaban o recogían piñas, mameyes, chirimoyas, guanábanas, anonas y una especie doméstica de plátanos, aguacates, zapotes de varios colores, tejocotes, guayabas, capulines, ciruelas *xocotl*, nances, jobos, pitahayas, tunas, papayas, jícamas y cacahuates. Los pobladores ribereños del lago de Texcoco consumían ocasionalmente el *tecuitlatl*, platillo hecho con lamas verdes (algas), que los españoles llamaron *queso de la tierra*, el *ezcauhitli*, huevecillos de unas moscas, los *meocuili*, o gusanos que se criaban en el maguey, y los *tecaoli*, de color rojo.

A veces la carne se sustituía con gusanos e insectos como los del maguey, los jumiles, los pececillos de lago o charales, la hueva o aguaucle y numerosas hierbas silvestres como los quintoniles, tesquites y otras. Los señores eran quienes gozaban de la infinidad de viandas que eran preparadas con verdadera maestría. Las descripciones que hacen los cronistas respecto a los banquetes de Moctezuma son la inequívoca prueba de la abundancia y variedad de los manjares. Pero la gente del pueblo no gozaba de tantos alimentos, aunque tampoco padecía de hambre, carestía o necesidad imperiosa. Su dieta consistía principalmente de maíz, frijol y chile, como sucede ahora, pero completaban su manutención con la caza, la pesca y la recolección.

Mercados y
venta de alimentos

El mercado de la gran Tenochtitlan era el centro económico de las operaciones mercantiles del pujante Imperio mexica, a fines del siglo XV y principios del XVI. El conquistador hispano Hernán Cortés, que lo conociera y visitara en 1520, lo describió con frases elogiosas en sus *Cartas de relación*, que enviara al rey de España para darle cuenta del éxito de su misión. Según él, era el sitio público más poblado del planeta, superior a los mercados de Oriente y al de la misma Constantinopla, porque diariamente concurrían millares de personas para vender, unos y otros para adquirir la enorme variedad de productos de uso general que ahí se expedían.

Los vendedores tenían sus puestos alineados a lo largo y lo ancho del copioso mercado, formando callejuelas por donde transitaban los compradores. Precios y calidades discutían unos y otros, mercaderes y mercantes (marchantes), inmersos en la enorme variedad de artículos que ahí se mostraban. La gente que intervenía en las diversas tareas del mercado eran labradores que acarreaban los productos de sus siembras, hortelanos de las casas cercanas, portadores de hortalizas, olleros con sus vasijas de barro y piedra, viajeros que conducían desde lejos, el mar y las tierras interiores, pescados y mariscos, flores y frutos raros, guisanderas que preparaban ahí mismo, sobre braseros de barro y piedra, distintos condumios, cacahuateros vendedores de semillas, verduleros expendedores de vegetales, vendedores de miel, sal, leña y otros condimentos y menajes de cocina, carniceros proveedores de carnes, aves y huevos, además de quienes se dedicaban a comerciar con toda clase de productos alimenticios.

Hernán Cortés, en su segunda carta de relación que enviara al rey Carlos V el 30 de octubre de 1520, decía en torno a los alimentos: "Hay calle de caza donde se venden todos los linajes de aves que hay en la tierra, así como gallinas, perdices, codornices, lavancos, dorales, zarcetas, tórtolas, palomas, pajaritos de cañuela".

Cortés se equivocó al mencionar gallinas y palomas, que no las había entonces, pues fueron traídas más tarde por los mismos españoles. En párrafos posteriores continuaba enumerando:

Venden conejos, liebres, venados y perros pequeños que crían castrados para comer. Hay todas las maneras de verduras que se hallan, especialmente cebollas, puerros, ajos, mastuerzos, berros, borrajas, acederas y cardos y tagarninas. Hay frutas de muchas maneras, en que cerezas y ciruelas son semejantes a las de España. Venden miel de abejas y cera, y mieles de cañas de maíz, que son tan melosas y dulces como las de azúcar, y miel de unas plantas que llaman en las otras islas maguey, que es muy mejor arrope, y de estas plantas hacen azúcar y vino, que asimismo venden [...] Venden mucho maíz en grano y en pan, lo cual hace mucha ventaja, así en el grano como en el sabor, a todo lo de las otras islas y tierra firme.

Venden pasteles de aves y empanadas y pescados. Venden mucho pescado fresco y salado, crudo y guisado. Venden huevos de gallinas y ánsares y de todas las otras aves que he dicho, en gran cantidad y venden tortillas de huevos hechas. Hay en este mercado casas donde dan de comer y beber por precio, que venden guisados, cazuelas hechas con chile verde y tomates grandes y pepitas, y son de su oficio vender asado y carnes cocidas debajo tierra (barbacoa), y chilemole, caldo hecho con agua de chile, espesado y condimentado de varios modos, para acompañar las carnes y legumbres.

Para abastecer al mercado de alimentos de Tenochtitlán se formó un activo comercio en torno a la gran capital mexica. A todas horas del día, y de la noche también, transitaban por canales y calles, caminos circunvecinos y lejanos, caravanas de *tlamemes* que cargaban en las espaldas los fardos de las mercaderías. Cada grupo era comandado por un jefe llamado *pochteca*, que era respetado como si tuviera un alto cargo público. Los expedicionarios, que recorrían rutas fijas, habían instalado grandes galerones, donde se recogían para pasar la noche y concentraban sus mercancías. Corredores a pie, en relevos, como antiguos carteros y mensajeros, diseminaban la correspondencia por todo el imperio, y portaban productos del mar para el emperador Moctezuma desde Veracruz al valle de Anáhuac, para que llegaran el mismo día de su captura. Esos parajes con galerones fueron los antecedentes de los posteriores hoteles, lonjas, posadas y alóndigas.

En todos los pueblos del vasto territorio mexica había diariamente mercado ordinario, y cada cinco días tenían uno general. Los poblados poco distantes entre sí celebraban este mercado en días diferentes, para no perjudicarse unos a otros. En cada mercado, galerón y centro de concentración de comercio, había una imagen de Chicomecóatl, diosa de los mantenimientos. De ella dijo Sahagún: "Debió ser esta mujer la primera que comenzó a hacer pan y otros manjares y guisados". Adoraban los mercaderes a otras diosas: Chalchiuhtlicue, del agua, y Oixtocihuatl, de la sal. Estas tres diosas mantenían a la gente del pueblo con salud constante y cierto bienestar diario, para que pudieran vivir sin grandes congojas y multiplicarse libremente. También honraban a Omacatl, dios de los convites, para que los banquetes resultaran agradables a los convidados. Y a Opochtli, a quien atribuían la invención de las redes de pesca y un instrumento llamado *minacachalli*, un tridente para capturar peces y aves, así como los remos y los lazos para trampas de caza.

Había también toda una serie de dioses del vino de la tierra o pulque a los que hacían banquetes y ofrendas de alimentos. En ellos se consumía especialmente el *huautli*, o semilla de amaranto o alegría, con la cual, molida, hacían figuras que representaban al dios. Repartían las figuras en fragmentos entre los concurrentes para que los comieran en una ceremonia semejante a la comunión cristiana. Fray Bernardino de Sahagún, al describir la manera como honraban al dios Huitzilopochtli, el máximo del panteón mexica, narra lo siguiente:

El día cuando amasaban y hacían el cuerpo de Huitzilopochtli, para celebrar la fiesta que llamaban *Panquetzalitli*, tomaban semillas de bledos (alegría) y otras que se llamaban *petzicatl y tezcahuahutli*, y las molían delicadamente. Después de haberlas molido, estando la harina muy sutil, amasábanla de que se hacía el cuerpo de Huitzilopochtli. Luego deshacían y desbarataban el cuerpo, que era de la masa de semillas de bledos, y el corazón tomaban para el señor o rey, y todo el cuerpo y pedazos, que eran como huesos, lo repartían en dos partes: entre los naturales de México y los de Tlatilulco. Todos comían el cuerpo de Huitzilopochtli, cada año, según su orden y costumbre, que ellos habían tenido.

Al iniciarse cada uno de los meses en que se dividían el año, todo el pueblo celebraba ciertos ritos, los cuales estaban íntimamente ligados con algún alimento. Cada mes de 20 días constaba de cuatro semanas de cinco días cada una, en la cual dedicaban el quinto al día de *tianguis* o mercado, de manera que en el año había 72 días de mercado, considerados como de descanso y fiesta, y equivalían al domingo de nuestras actuales semanas de siete días. En el calendario de 18 meses, casi todos ellos estaban dedicados a algún dios, al cual festejaban con comida.

El cuarto estaba dedicado a los dioses del maíz y era llamado *Hueyto zoztontli*. En el quinto celebraban el *Texcatl*, la principal de las festividades, con grandes comilonas. El sexto, o *Etzulqualitztli*, estaba destinado a comer el *extall*, potaje compuesto de maíz y frijol. El séptimo, o *Tecuilhuilotli*, pequeño festín de príncipes, se celebraba con ritos dedicados a la diosa de las salinas. En el octavo, o *Hueyetecuilhuitl*, fiesta de los señores, había distribución de víveres entre la población. En el noveno, *Tlaxochimaco* o recolección de flores, había regocijos, danzas y banquetes. En el décimo o *Xocotlhuetzí*, de la caída de los frutos, hacían fiesta al dios del fuego. En el decimoprimero u *Ochpanitli*, la fiesta era para los dioses de la tierra y la vegetación. El decimotercero, o *Tepeilhuitl*, era la fiesta de las montañas, con la elaboración de las figurillas de amaranto, que eran comidas después. El decimocuarto, o *Quecholli*, se hacía la festividad del dios de la caza. El decimosexto, o *Atemoztli*, estaba dedicado a los dioses de la lluvia, con ofrenda de alimentos y bebidas. Y en el decimoctavo, o *Izcalli*, se conmemoraba el crecimiento de los niños, con grandes comidas. Después venían dos días de compensación, durante los cuales suspendían toda actividad.

Suntuosas eran las comidas diarias del emperador Moctezuma, quien tenía a su servicio hasta 3 mil hombres y mujeres. Su vajilla se componía de vasos, jícaras y jarras de oro y plata; sus cocineros le preparaban diariamente hasta 300 platillos diversos para que escogiera de cuáles habrían de servirle. Algunos de esos alimentos permanecían sobre braseros de barro para mantenerlos calientes. Cotidianamente servían al emperador guajolotes, faisanes, perdices, patos, venado, conejos, pájaros y diversas aves, pescados y mariscos, más jícaras de espumoso chocolate, que bebía con fruición. Al empezar la comida le llevaban una bandeja de barro decorado, a manera de aguamanil, en donde se lavaba las manos, tanto él como sus invitados, si los tenía, cada uno de ellos en su propia vasija, y una rica manta para secarse.

La variedad de platillos alimenticios era muy cuantiosa en el antiguo México prehispánico. Todavía ahora, en nuestros días, son más de tres mil los condumios y bocadillos que existen, la mayor parte de origen indígena, otros modernos o mestizos, pero con gran influencia de aquella antigua cocina. Sorprende la abundancia y originalidad de los platillos que comprenden como principal ingrediente al maíz, originario de la Huasteca mexicana, desde donde se distribuyó, primero, por todo el continente americano y después, por medio de España, por el mundo entero.

Entre los alimentos vegetales y animales que consumían los antiguos mexicanos, y que no conocían los españoles del siglo XVI, estaban los quelites, que los conquistadores llamaron *verdolagas* por su forma larga y verde, la flor de calabaza y la calabaza misma, llamada *ayotl*, capulines, biznagas, mezquites y mezquitamal, chiles verdes y secos, frijoles o ayocotes, paguas, cacao y chocolate, cebollas silvestres o *xonacatl*, vainilla, achiote, piña o anona, la papaya o melón zapote, el zapote blanco y el prieto, el cacahuate, el nopal y la tuna, el maguey y el pulque, el mezcal y sus bebidas, el chicle, el copal y la tuba, el coyol y los hongos, el guajolote y el mole, el jitomate y el tomate, y animales comestibles como los perros *techichis*, el mono araña, el armadillo, la iguana, el acocil y el ajolote, el mapache, las ranas, el cacomixtle, el tlacuache, el pelícano o pato buzo, algunas serpientes y numerosos gusanos e insectos.

Fuera de la gran Tenochtitlan, capital del Imperio mexica, los indígenas de todo el imperio comerciaban entre sí y cambiaban sus productos regionales, enriqueciendo con ello todas las cocinas e imitando las maneras de comer de cada pueblo. Los apaches, en la frontera norte, mostraban enorme gusto por la comida, que parecía ser su principal satisfacción y el objeto primario de sus labores. Se ha dicho que un solo apache era capaz de comerse "un costillar entero, los bofes, el hígado y todas las tripas de un venado grande". Tenían preferencia por la carne, pero también comían vegetales silvestres, como pitahayas, bellotas, biznagas, piñones, y bebían en exceso, lo mismo bebidas no espirituosas que licores.

Los yaquis y los cahítas, de la misma región, agricultores y ganaderos, tenían una alimentación más variada. Su plato favorito era el *huacabaque*, una especie de puchero con carne, huesos y gramíneas. Los chontales, que vivían en el actual estado de Tabasco, comían pozole, pescado, plátanos silvestres, calabazas y cayotes, además de maíz y frijol, que escaseaban debido a la poca afición de los hombres a las tareas del campo. La pesca era una actividad femenina. En días de fiesta comían asados de venado o guajolote, con salsa *ulich*, y se embriagaban con chorote, guarapo o aguardiente de caña de maíz. En casi todas las tribus y concentraciones indígenas, los muertos eran enterrados con bastimentos suficientes para el viaje a la eternidad. Cuando alguno moría ahogado o de manera que excluyera la cremación y requiriera el entierro, hacían una efigie del muerto y la colocaban en los altares de los ídolos junto con una gran ofrenda de alimentos. Los deudos colocaban semillas de amaranto en los labios del muerto. Cuando eran incinerados, las cenizas del muerto eran colocadas en una vasija grande, con una piedra fina y en torno colocaban los alimentos del viaje. Cubrían de piedra y tierra, finalmente, al difunto y sus ofrendas, y sobre la tumba hacían oblaciones durante los 80 días siguientes.

En el capítulo XXIII del libro VI de la obra *De la retórica y filosofía moral y teológica de la gente mexicana*, fray Bernardino de Sahagún afirma que los padres y madres de los niños aztecas, especialmente de la casta de los señores, les enseñaban algunos preceptos para saber vivir mejor y *buen comer*, hablar y trabajar, vestir y andar entre gentes:

Seas avisado, hijo, que nunca comas comida de malas mujeres, porque dan hechizo. Que no comas demasiado en la mañana y en la noche. Sé templado en la comida y en la cena, y si trabajaras, conviene que almuerces antes que comience el trabajo. Cuando comieres, no comas muy aprisa, no comas con demasiada vianda junta en la boca ni tragues como perro lo que comes. Comerás con sosiego y con reposo, y beberás con templanza cuando bebieres. No despedaces sin necesidad el pan (la tortilla) ni arrebates lo que esté en el plato. Sea sosegado tu comer, para que no des ocasión de reír a los que estén presentes. Al principio de la comida lávate las manos y la boca, y lo mismo después de comer; y después de haber comido, cogerás lo que se ha caído por el suelo, y barrerás el lugar de la comida, y después de comer te lavarás las manos y la boca y limpiarás los dientes.

La educación del niño indígena empezaba desde el hogar, donde el padre y la madre le impartían los primeros conocimientos de acuerdo con su sexo: los padres enseñaban a los hijos lo que debían saber para actuar con corrección como hombres, y las madres adoctrinaban a sus hijas para adiestrarlas en las tareas propias de la mujer. Luego había una enseñanza superior, para hombres y mujeres. Éstas podían alcanzar las altas cumbres de las vírgenes consagradas al manejo y culto de los templos, y de las casas de los señores y el emperador; y los jóvenes en el *Calmecac* o instituto de guerreros, donde cursaban las artes de la guerra y el saber de la política. El *Calmecac* era una escuela de nobles y sacerdotes.

Utensilios y condimentos

Los primeros utensilios de cocina fueron las armas que el cazador empleó para conseguir la carne y los implementos necesarios para su subsistencia: carnes de venado, perro salvaje, mono, aves, víboras, insectos, y los productos vegetales: tallos, hojas, flores, frutos, raíces y cortezas. Esas armas y utensilios fueron la honda, que arrojaba piedras para abatir animales, aves, reptiles, y bajar las frutas altas de los árboles, la lanza, que mataba al animal al arrojársela y hacía en la tierra los agujeros para sacar las alimañas y raíces, la red, que capturaba peces en el agua y aves en el aire, los simples palos y las piedras trabajadas para triturar, moler, dividir, convertir en polvo y preparar a los alimentos para el consumo inmediato o posterior.

Utensilios primeros fueron también guajes y calabazas huecas, que enteras sirvieron para recoger, almacenar y transportar agua y líquidos, y que fueron posteriormente elaboradas por los alfareros con barro cocido. El fuego fue también elemento indispensable en la cocina, como fue el agua. Jarros y cazuelas, platos y tazas de barro eran los utensilios ordinarios de la cocina prehispánica cuando los españoles llegaron a México en el siglo XVI, y lo eran también el comal de barro, que puesto sobre la lumbre y sus brasas servía para recibir la masa de maíz moldeada en tortillas para su cocimiento.

Para moler los granos duros, tenían los indígenas prehispánicos el metate, y para hacer las salsas suaves el molcajete, ambos utensilios de piedra porosa. Para llevar y guardar algunos alimentos sólidos disponían de cestas y canastas hechas de tule y carrizos de las lagunas y de sus tiras, trenzadas, hacían los petates o esterillas donde dormían. Para cubrirse en esas primitivas camas, tenían sarapes, tejidos con fibras vegetales o pelos de animales, y esas mantas les servían no pocas veces de manteles, puestos sobre el suelo o tablones que acomodaban a manera de mesas. Del carrizo trenzado eran sus sopladores para el fuego y sus abanicos para airearse por el calor. Los molinillos para agitar el chocolate y otras viandas eran de madera, como lo eran algunos cuencos y bateas para servir alimentos, y los grandes para bañarse y otros menesteres.

Cuando el ser humano descubrió y dominó el fuego, cocinando en él carnes y vegetales para hacerlos más suaves y digeribles, nació el arte de cocinar. El ser humano aprendió a pelar y destazar las carnes de los animales que consumía, quitándoles las pieles, pelos, plumas y conchas no comibles. La carne fue sujeta a muchas operaciones: cortar, trinchar, destazar, pelar, macerar, ablandar, raspar, moler, quebrar, escurrir. Y muchos vegetales sufrieron también casi todas esas operaciones. Luego, sometidos al fuego, preparados previamente, carnes y vegetales fueron hervidos, asados, guisados, calentados, conservados, ahumados. Para todas esas operaciones, y otras más, se fueron inventando ollas y sartenes, tinamastes y braseros, hornos y molinos, cuchillos y raspadores, trinchadores y cedazos, espátulas y cucharas, tinajas y tinajeros.

El metate

Fue el principal utensilio de la cocina prehispánica, el cual se usa todavía en el campo entre los labriegos pobres. Es una piedra cuadrilonga, rectangular, de 30 por 40 centímetros, generalmente plana y curvada en sus extremos. La piedra porosa, de color gris o negro, con pequeños desniveles que facilitan la molienda sobre de ella. Ahí, con la ayuda de un rodillo irregular hecho de la misma piedra, y que se llama *metlapil* o mano del metate, se muele el maíz cocido o nixtamal para hacer la masa de las tortillas y el atole. El metate se sostiene sobre la tierra, alejado de ella mediante tres pequeñas patas de la misma piedra, que le dan la inclinación debida para que la molendera, que se pone de rodillas ante el utensilio, pueda trabajar con mayor comodidad y limpieza. Se muelen también en el metate los chiles y granos empleados en varios condumios.

El molcajete

Es la segunda pieza en importancia de la cocina indígena: especie de escudilla o mortero hecho de piedra gris, de la misma con que se hizo el metate, pero con superficie más uniforme y fina. También lleva tres pies para sostenerse y sirve para la molienda de productos blandos: jitomate, chiles verdes, cebollines, condimentos y hierbas. Se muele con la ayuda del tejolote o temolchin, especie de almirez, tallado la misma piedra gris.

El comal

Era un disco de barro cocido de hasta 50 centímetros de diámetro que se colocaba sobre el fuego o el calor de las brasas, sin tocarlas, y era sostenido por piedras dispuestas a manera del posterior *tina-maste* o sostén de tres patas, que se hacía también de barro. Ahí se cocían las tortillas, previamente extendidas en el metate, o se calentaban las ya hechas. Las piedras que forman el *tlacuil* o fogón, en vez del *tenamaste*, sirven también para calentar el agua para un baño u otros usos si se limpian y echan en la vasija grande de barro con el agua que se ha de calentar.

El *comitalli*

La olla de los tamales era una especie de autoclave, vaporera u olla a presión moderna, pero como vasija de barro, en el fondo se colocaba una especie de rejilla bajo la cual se echaba un poco de agua y sobre de ella se ponían, en tandas o capas, los tamales ya envueltos en hojas de maíz o de plátano silvestre para que se cocieran al vapor.

El molinillo

Es un palo cilíndrico, más grueso de un lado que del otro, de unos 30 centímetros de largo. Llevaba en el extremo grueso una pelota de madera estriada, y a veces en torno de ella una arandela. Se le sostiene con las palmas de las manos, y se le hace girar de un lado a otro para batir y espumar, sobre todo al chocolate. Sirve para espesar también atoles y otros líquidos gruesos.

Usaban también los antiguos mexicanos varias clases de espátulas o incipientes cucharas de madera, de diversas formas y tamaños, que colocaban en una percha o repisa que especialmente hacían para guardarlas o escurrirlas, y que todavía se usan en algunas regiones, y se llaman *cuchareros*. Tenían además muebles o rejas hechas de madera llamados *tinajeros*, en donde mantenían una olla grande, de barro cocido y poroso, para que se trasminara el agua, con lo cual disponían constantemente de agua fresca con el agradable sabor que le proporcionaba el barro.

Ponían en otra tinaja semejante el pulque que guardaban para beber algo, diariamente, con sus alimentos, el cual servían con el *xicalli*, especie de vasija que obtenían de la corteza o cáscara de una calabaza pequeña, redonda, que partían por la mitad para hacer el cuenco, que en español fue llamado jícara. Para tomar los líquidos o alimentos no espesos empleaban otras vasijas o cucharones hechos con pequeños guajes, bules, güiras, tecomates y calabazas partidas por la mitad. Y en barro confeccionaban lebrillos de muchos tamaños y formas, dibujos y colores, como ollas, cazuelas, jarros y jarras, platos y platones, que como piezas de cierto valor artístico persisten todavía en la alfarería de nuestros días.

Con las fibras vegetales, y especialmente tiras de carrizo, confeccionaban los sopladores para avivar el fuego; abanicos para producir aire en el calor, y canastas, cestos, espuertas, nasas y paneras para guardar y servir las tortillas calientes, las que todavía se usan con los nombres de *tompeates*, *tascales* y *chiquihuites*.

Una cosa distinguió a la cocina indígena prehispánica, más que a cualquiera otra del mundo, en su presentación y buen gusto: el variado colorido de sus viandas y el sabroso aroma que de ellas emanaba. Parecía ser una cocina hecha por pintores y para halagar la vista antes que el olfato y el gusto; pero también estos sentidos eran premiados con los olores y sabores contenidos. Era la comida una abigarrada paleta de pintor, donde los rojos se mezclaban con verdes y alternaban con blancos, los oscuros, los amarillos y aun los azules. Sabían los indios que las ganas de comer entran antes por los ojos que por la boca.

Un testigo de esta antigua cocina indiana, que lo investigó todo y habló de ello con propiedad, fue el misionero fray Bernardino de Sahagún, quien dijo de las comidas de los señores indígenas:

> También comían muchas maneras de cazuelas de gallina [otras aves] hechas a su modo, con chile bermejo y con tomates y pepitas de calabaza molidas, que se llama ahora a ese manjar pipián [o pepián]; comían otra manera de cazuela de gallina [o guajolote] hecha con chile amarillo; también comían otras muchas maneras de cazuelas de aves, que están en las letras explicadas. Comían también muchas maneras de potajes y chiles. Usaban también comer peces de cazuela: una de peces blancos hechos con chile amarillo y tomates verdes; otra cazuela de peces pardos, hechos con chile bermejo y tomates, y con pepitas de calabaza molidas, que son muy buenas de comer. Otra manera de cazuelas que comen son ranas con chile verde. Usaban también los señores comer muchas maneras de coloridas frutas.

Siendo el mexicano antiguo un artista nato del color, buscó dar siempre a sus platos y condimentos los matices todos del arcoíris, porque bien sabía desde entonces lo que el europeo supo terminada la Edad Media y llegado el Renacimiento: que para que la comida deleite plenamente, no basta que huela y sepa bien, sino que es preciso que luzca atractiva y sus colores enciendan el deseo de probarla. Quizá ningún otro pueblo hizo en el mundo, como el mexicano antiguo, platos más variados, preparados con las flores de colores más vivos. Y cuando no tenían colorido natural, le prestaban color con la ayuda del achiote, la tuna, el chile, el zapote y otros colorantes vegetales inofensivos. Entre ellos estaban: la orchilla (orejita), especie de líquen, que tiñe de color rojo carmesí; el azafrancillo mexicano, que tiñe de amarillo intenso; la raíz de ancusa, de rojo subido; el carmín de índigo, de azul intenso; los pétalos de una especie de violeta nativa y silvestre, de color violado; el palo de campeche, de rojo oscuro, para los licores; el palo amarillo, de intenso color amarillo; y la flor de Jamaica, que tiñe de rojo.

El achiote

Es un árbol de la familia Bixácea, originario de México y que se cría en las regiones cálidas de América. De olorosas flores rojas, su fruto oval y carnoso encierra muchas semillas que, secas y por maceración, sueltan una sustancia de color rojo, conocida con el mismo nombre de achiote. Los indígenas emplearon esa sustancia, antiguamente, para teñirse el cuerpo y la cara. Trituraban las semillas de achiote y las hervían un poco en agua, obteniendo un líquido colorante suave; para obtener un tinte más intenso, molían las semillas y hacían la pasta, la que disuelta en agua servía para pintar códices y muros, y en pequeñísimas porciones para teñir sus alimentos.

El achiote mexicano se extendió por la faja tropical de América hasta las Guayanas, y se le llamó en distintas regiones *anoto*, *caituco* y *chancaguarica*. En México se le llama también *bija*, y solamente se disuelve en grasas, cuando se quiere obtener un tinte rojo anaranjado. Fue mencionado por primera vez en 1659, en Europa central, por el francés Rochefort, y llamó al achiote *rocou*, por su propio nombre y porque los indígenas caribeños lo llamaban *rucú*. El tinte indígena mexicano fue empleado en Europa, primero, y luego en el mundo entero, para colorear y teñir pieles, lana, seda, algodón, lacas, plumas, huesos, marfil, y aún quesos y mantequilla.

Los antiguos indígenas mexicanos emplearon también el achiote en medicina, como diurético estomacal, refrescante contra las quemaduras y la lepra americana. Le atribuyeron además virtudes afrodisíacas, y con tal sentido pintaban de rojo las imágenes de los dioses de la fecundidad: Xochipilli y Xipe Totec.

Los indígenas prehispánicos de México preparaban una serie de salsas y guisos coloridos a base de tomate, chile y hierbas aromáticas, entre las cuales el epazote jugó papel muy importante.

El epazote

Es planta herbácea anual, de la familia Quenopodiácea, cuyo tallo asurcado y muy ramoso se levanta hasta un metro de altura. Es de color verde oscuro, con aroma especial muy fuerte, y sus hojas, alargadas y alternas con bordes irregulares y dentados, se emplean todavía para sazonar y condimentar algunas comidas. Abunda en el valle de México y en el norte del país, en los estados de Chihuahua, Durango y Sonora. En Europa se ha extendido mucho por el centro y el mediodía. Hay una especie de epazote que despide un fuerte olor fétido, por lo que se le llama *hierba del zorrillo*. Modernamente se hace de la planta un aceite especial.

La vainilla

Es el aroma más delicado e incitante que se emplea en la cocina de todo el mundo, pero su origen es estrictamente mexicano. Planta de la familia Orquidácea, está formada por tallos largos muy verdes, sarmentosos y trepadores. Sus flores son de gran tamaño, como orquídeas verdosas o negras. El fruto es capsular, en forma de ejote, de unos 20 centímetros de largo y uno de ancho; contiene muchas semillas menudas, y es la parte de la planta que le dio nombre: las vainas de la vainilla.

Los antiguos indígenas llamaron a la planta *tlilxochitl*, por su flor, o flor negra, y la emplearon para perfumar su bebida de cacao, el chocolate. Con iguales usos, la vainilla se empleó mucho en España a finales del siglo XVII, y en 1721 fue incluida en la farmacopea de Londres. Neuman experimentó con ella en 1830 en el Jardín de Plantas de París, y, en 1837, se inició el cultivo de la vainilla en Java y se introdujo también en las Antillas y en la isla Mauricio.

Cuenta una antigua leyenda nahua que el general mexica Tlacaelel fue a las playas olmecas del actual Veracruz para tomar prisioneros que sacrificar al dios Huitzilopochtli. Se perdió en la selva, y errando para hallar un camino de regreso, fue sorprendido por un exuberante aroma que le halagó y le hizo olvidar su misión. Con sus acompañantes exploró la selva para encontrar la fuente del extraño perfume y halló una especie de orquídea negra, que destacaba entre la espesa vegetación. El general mexica tomó las lianas o enredaderas con sus flores y marchó de regreso al altiplano, donde entregó la planta, como nuevo presente, al monarca indiano. Éste mandó analizar la planta a sus sabios, los que encontraron que las vainas daban un condimento aromático, que mejoró el sabor y el olor del chocolate. La flor recibió el nombre de *tlilxochitl* o flor negra, cuyas vainas, donde la pasta aromosa se encerraba, fueron llamadas vainilla por los españoles.

Chile, sal e insectos

En forma especial y muy notoria, el chile se incorporó a la cocina prehispánica mexicana entre los coloridos condimentos, como un grito del color y un alarido de la euforia: cáustico y picante. Y enriqueció de golpe la cocina entera, con las voces intensamente incisivas de su gran variedad de colores, así como sus formas y sabores: rojo, verde, amarillo, sepia, morado y a veces casi blanco o rubio. Su necesidad culinaria trascendió a la cocina mestiza mexicana porque da a cualquier guiso o preparado el toque excitante y cálido, que lo hace más apetecible, sabroso y cabal. Excita tanto al paladar como a la vista.

Fuera de México, solamente los indostanos hacen el mismo consumo del chile que los mexicanos. Con su diario arroz cocido en agua, lo llaman igualmente chile. En los países hispanoamericanos lo llaman ají. Este nombre viene del azteca *tzilli*, que a su vez deriva del vocablo maya *tzir*, que significa picar o irritar. La explicación la da el nombre de la deidad cósmica Zaki-Nima-Tziz, el "Gran mortificador del alba y rey de los animales mordedores", como la hormiga. Los huastecos dieron a la hormiga el nombre de *tziz*, que también significa irritar y picar. En la mitología indígena la hormiga descubrió los primeros pequeños granos del maíz tunicado, antecesor al de mazorca, y que fue llamado *tzitli* o grano de hormiga.

En la forma ordinaria, el chile se clasifica con los siguientes nombres: ancho, bola, cascabel, cuaresmeño, chicateco, chilaco, chilacate, chipotle, guajillo, habanero, jalapeño, mora, moritas, mulato, pasilla, pimiento o chile dulce, piquín, poblano, serrano, tornachil o tomachil y xcaltique. Algunos agregan al chiltepín. El chile ancho es el tipo seco del poblano, de sabor moderado. El chile bola es el pequeño, verde, cuya forma expresa su nombre. El cascabel es de forma oval, pulpa gruesa y color rojo, picante, al secarse sus semillas desprendidas hacen en la vaina un ruido de sonaja cuando se le agita. El chilpotle, de tamaño mediano, tiene el color rojo y la pulpa gruesa, es picante y de sabor ligeramente dulce. El chile dulce o pimiento es de color verde, que se torna rojo al madurar; mediano y redondo; es pulposo. El guajillo es alargado y adelgazado en los extremos; verde, se vuelve rojo al madurar; de paredes delgadas, es muy picante. El jalapeño es fruto de tamaño medio; verde fresco y rojo al madurar; de pulpa jugosa y medio picante. Es al que llaman también *cuaresmeño*. El mulato es un tipo de chile poblano: seco, de color oscuro, de sabor picante, menos penetrante y un tanto dulce. El chile pasilla es un fruto largo y delgado; de color verde oscuro, que se torna rojizo al secarse, hasta llegar a negro picante, es llamado también *chilaca*. El piquín o chiltepín es tan pequeño como un piñón; verde y rojo al madurar; es muy picante. El poblano es grande y ancho, de color verde oscuro y de sabor picante moderado. El serrano es pequeño, alargado, verde cuando está fresco y rojo al madurar, y puede alcanzar un color ocre seco; es de pulpa gruesa y de muchas semillas y fuertemente picante.

Se conocen no menos de 40 variedades de chiles de origen mexicano, y los más picantes se dice que son chilosos y bravos. Los antiguos mexicanos lo emplearon como indispensable condimento que comían crudo y cocido, en forma de salsa aderezada con tomate y cebolla, o untaban con él, solo, sus carnes y viandas. Pero además de ser alimenticio, el chile figuraba en la farmacopea indígena como uno de los remedios principales, por su astringencia y su poder purificador y expectorante, empleado en sahumerios. La *salsa para adobos* la preparaban los indios picando fuertemente los chilitos rojos con dos pizcas de perejil silvestre, le añadían media pizca de achiote, sal o tequesquite al gusto, media taza de vinagre de maguey y media taza de aceite de chía. Ponían todo en una cazuela de barro y lo revolvían enérgicamente, con un molinillo. Adobaban con esta salsa las carnes de venado o guajolote ahumadas.

Los *chiles en nogada*, el platillo confeccionado a base de chiles que ha incursionado en nuestros días en la cocina mundial, es platillo barroco de origen poblano, como lo es el mole de guajolote. Eminentemente mexicano, casi patriótico, escogió los grandes pimientos dulces, intensamente verdes, para ofrecer el primer color simbólico de la bandera nacional. El segundo color, el blanco, lo da la salsa de nuez de Calpan, de la llamada encarcelada, que va salpicada con dientes de granada, rojos, para remitir al tercer color. Esta salsa baña generosamente los chiles, rellenos de picadillo de carne de res y de cerdo. Ahora bien, estos *chiles en nogada* tienen ya su lugar original en la cocina prehispánica mexicana, pues fueron comidos los pimientos dulces, también rellenos, por los mexicas del siglo xv y anteriores; e igualmente los cubrieron con sus salsas y los adornaron o aderezaron con frutillas.

De uso general, casi masivo, como el chile en la cocina prehispánica, es otro condimento no estrictamente mexicano, sino
universal, y que los indios antiguos usaron ampliamente: la sal.
Difícilmente supieron nuestros antepasados explotar y aprovechar
las sales marinas, que en la actualidad surten de ese condimento
a la mayoría de los países del mundo. Pero en los salitrales, o depósitos de sal de nitro, recogieron el salitre, que les proporcionó
el condimento. Y a él agregaron el tequesquite, especie de salitre
carbonatado, que rescataron de las orillas de los lagos de agua salada, como el de Texcoco.

La sal resulta ser uno de los ingredientes más usuales, pues
entra en la preparación de casi todas las comidas. Es el condimento por excelencia, que excita moderadamente la mucosa bucal,
aumenta la secreción de saliva y aviva el apetito. Pero debe usarse
sin llegar al abuso (y esto lo supieron los indígenas prehispánicos),
pues causa gran perjuicio a los riñones. Los primitivos pueblos cazadores y nómadas de los tiempos prehistóricos no sintieron verdadera
necesidad de sal. El hambre de sal se presentó más tarde, cuando
se introdujo la alimentación vegetal, la cual a su vez va ligada al
tránsito del ser humano a la vida sedentaria y al laboreo de la tierra.
Mientras el indio americano comió carne, y sólo esporádicamente
frutos y raíces, no le hizo falta la sal, que va en los tejidos animales, pero al hacer su alimentación más vegetariana, la necesidad de
sal apareció, y cada vez se hizo más imperiosa.

Cuando la sal no se encuentra a mano, los seres humanos condi-
mentan sus alimentos vegetales con ceniza de plantas ricas en sosa.

Una vez conocida la sal y su uso como condimento, otras
virtudes se le encontraron: propiedades conservadoras que se ma-
nifiestan en la salazón de carnes y preparados; propiedades que se
estiran hasta ser antipútridas, porque los alimentos conservados

con sal no se pudren, o tardan más en hacerlo. Por todo esto, la posesión de la sal contribuyó a asegurar la provisión de alimentos.

En numerosos países antiguos, la sal constituyó un artículo de comercio y de canje, haciéndose de ella transportes en gran escala y a lugares lejanos. Como los granos de cacao, la sal fue también en el México antiguo moneda y artículo de cambio. Muchos consideran el comercio de sal, incluso, como una de las primeras causas del desarrollo del comercio internacional. En el México prehispánico, los caminos del comercio entre los pueblos del Imperio mexica fueron las vías del cacao y de la sal.

Los otros elementos de la cocina prehispánica, que proporcionaban de sal, y a la vez condimentos en sí mismos, fueron los insectos, que los primeros mexicanos comían en una gran variedad. Ellos ignoraban las grandes cantidades de proteínas y vitaminas que éstos proporcionan, y sólo supieron que llevan sales diversas. Los insectos son elementos vivos y vitales en torno a la cocina, siempre presentes por su gran adaptabilidad ambiental y su desmedido poder de reproducción. Ahora sabemos que, en algunas especies, el potencial reproductivo de los insectos puede sobrepasar los 47 millones de individuos al mes, provenientes de una sola pareja. En condiciones controladas, esta misma pareja puede tener un promedio de 25 generaciones al año, con lo cual se obtendrían alrededor de 550 millones de individuos.

Entre los diversos insectos que pueblan las tierras y los aires de México, quizá uno de los más abundantes es el mosco de zanja, el antiguo mosco lacustre del lago de Texcoco, que los indígenas llamaron *axayacatl*, y que se emplea todavía como alimento de pájaros, entero y seco. Ahora se sabe que cada 100 gramos de mosco seco tienen 54 gramos de proteínas y seis de grasa, más 11 miligramos de ácido nicotínico, 48 de hierro y cantidades muy importantes de todos los aminoácidos esenciales y de las vitaminas del grupo B. El valor dietético más importante del mosco se encuentra en su extraordinaria riqueza de riboflavina, y con sólo 100 gramos de este alimento se cubre el requerimiento normal de esa vitamina, tan escasa en la mayor parte de los alimentos ordinarios, especialmente cuando los regímenes de alimentación carecen de leche, como sucedía en la cocina prehispánica, que no conoció la leche industrializada. Los indígenas prehispánicos no sólo comieron *axayacatl*, o mosco seco, sino que también sus huevecillos, que llamaron *ahuautle* o aguacle, y que era tan sabroso platillo que aun los españoles se acostumbraron a comerlo, los días viernes, cuando las carnes rojas no estaban permitidas.

De las aguas del lago y otros depósitos acuáticos, los antiguos indígenas obtenían también los caracoles, que todavía se comen en los mejores restaurantes del mundo por los gourmets o entendidos más delicados. Y a su dieta de moscas y mosquitos agregaban hormigas y gusanos. Estos son alimentos muy abundantes, pues la reina de las hormigas puede poner 340 huevecillos al día, o sea un promedio de 10 mil doscientos huevecillos al mes, lo que equivale más o menos a un huevo por minuto. Una cantidad semejante de huevecillos pone la reina de las abejas, cantidad que es rebasada por las hormigas del desierto, las termitas, cuyo género, *Bellicositerme*, pone hasta 36 mil huevos al día, o sean 25 huevecillos por minuto. Un platillo, delicioso para los actuales gourmets, es el de escamoles o larvas de hormigas, que comieron con delicia los antiguos mexicanos y ahora es deleite en lo más caros restaurantes de medio mundo.

La historia dice que cuando los aztecas llegaron al lago de Anáhuac, en su peregrinación en busca de la tierra prometida donde asentarse para vivir definitivamente, habitaron durante algún tiempo el cerro que llamaron *Chapultepec* por la abundancia de langosta o chapulines que ahí encontraron. La plaga no desanimó a los viajeros, que empezaron a comerse a los chapulines, privándolos de patas, alas y antenas. El chapulín fue un bocado delicioso, como lo fue en Egipto, donde consideraron su abundancia como un don divino: mil cápsulas de huevecillos de grillos caben en un milímetro cuadrado, y cada cápsula contiene de 30 a 35 huevecillos.

Al igual que los saltamontes, los indígenas prehispánicos comieron las mariposas, desprovistas de alas, patas y antenas, y sus orugas o mariposas en formación. San Juan, en el desierto israelita, se alimentó igualmente de saltamontes y mariposas, lo cual no perjudicó su elocuencia. Los africanos de hoy comen todavía orugas, y los antiguos egipcios, hace 3 mil años, criaron para sus faraones los escarabajos, comestibles especialmente en su estado larvario por su gran cantidad de grasa y su alto poder alimenticio. Los criaban con las cañas del río Nilo. Una especie de chinches, de la familia Coreidas, son comidos todavía, como antaño, por los naturales de Michoacán. Y en Taxco, Guerrero, la gente come insectos del encino, que llaman *jumiles*, los muelen en salsa de chile serrano y jitomate. En el estado de Hidalgo llegan a comerlos crudos, a puñados, sin preocuparles que algunos se escapen y les corran por la cara. Los jumiles son también un rico platillo, casi exótico, en restaurantes de postín actuales, donde los más raros gourmets acuden a gustarlos.

Del mundo de los gusanos los antiguos mexicanos obtuvieron numerosos platillos, incorporados a su cocina naturista. Comían los gusanos del maíz, llamados *atetepitz*, los gusanillos como lombrices del agua, que llamaron *ezcauhitli*, los *tecaoli* o gusanos rojos del maguey y, sobre todo, los gusanos blancos muy apreciados también criados en el maguey y que llamaron *meocutli*. Sahagún dijo que los antiguos mexicas "también comían unos gusanos de maguey, con *chictelpil molli*". Ahora se guisan en aceite hasta que quedan dorados, y se comen solos o en tortillas, con salsa de chile y guacamole. Y son también un escogido platillo de restaurante caro. Otros gusanos de orígenes diversos comieron los indígenas prehispánicos: los llamados *ahuihuitl*, *atopinan* y *ocuiliztac*.

Los pobladores ribereños del lago de Texcoco consumieron ocasionalmente el *tecuitlatl*, platillo hecho con lamas verdes que obtenían de las aguas costeras, y que los españoles, que lo probaron y comieron en ocasiones, llamaron elogiosamente *hueso de la tierra*. Y con tal condimento saboreaban los gourmets de entonces sus dorados gusanos de maguey. El gusano, u *ocuilin*, del maguey, o *metl*, fue llamado por los indígenas antiguos *meocuil*, y científicamente fue considerado como la oruga de una mariposa llamada *Acentrocneme hesperiaris*, que deposita sus huevos en las carnosas hojas del agave maguey. Al nacer, las orugas se introducen en las hojas hasta llegar al centro, y ahí se dedican a comer de la pulpa y a crecer, hasta alcanzar unos siete centímetros de largo. Se convertirían en mariposas si no fueran recolectadas en ese estado larvario y fueran a integrar el suculento platillo de gusano de maguey.

El gusano rojo del maguey, llamado *chinicuil* o *tecol*, es el *Bombix agavis*, de menor tamaño que el *meocuil* y menos estimado que éste. Vive en los troncos del maguey y puede criarse con mayor facilidad, depositando un puñado de ellos en un recipiente, y dándoles cada 5 días una dotación de hojas maguey picadas o tortillas de maíz como alimento. En sólo una semana, el recipiente se habrá llenado de gusanos *chinicuiles*. El sabor del *chinicuil* es menos delicado que el del gusano blanco, pero ello queda compensado por su mayor producción y menor precio.

Finalmente, recordaremos que los antiguos indígenas mexicanos comían también pulgones, que durante los 45 días de vida promedio se reproducían, originando una población de cinco a siete individuos por día. Comían igualmente, como en China, algunas serpientes: culebras de agua y víboras de tierra, y algunos encontraban en esos platillos virtudes afrodisíacas, que aún perduran entre las creencias populares de campesinos mexicanos.

Bebidas y licores

Para acompañar a sus viandas, los indígenas prehispánicos tenían varias bebidas no alcohólicas, obtenidas del maíz, la chía, el
amaranto y el cacao, y otras alcohólicas, que también sacaban del
maíz y la chía, pero especialmente de maguey y del mezcal. Sin
embargo, también hacían del maguey una bebida dulce, no alcohólica, el aguamiel, y un vinagre que obtenían agriando al aguamiel.
El pulque era el aguamiel fermentada, con mediano contenido
alcohólico, y que para endulzarlo y hacerlo más agradable lo colo-
reaban en distintos tonos y le agregaban diversas frutas.

Del maíz obtenían la chicha, el tepache y el tesgüino, cuyos
azúcares podían convertirse en alcohol si se les dejaba fermentar.
Y de las semillas de chía preparaban una bebida muy refrescante. Esta planta herbácea anual, de la familia Labiadas, daba dos
variedades: la salvia chían y la salvia hispánica, siendo la primera
originaria de México, y la segunda la que los españoles importaron
en sus viajes de colonización en nuestro país. La semilla de chía,
remojada en agua, suelta gran cantidad de mucílago, que es el que

desleído da frescura al agua; molida produce un aceite secante, que tiene propiedades medicinales.

La bebida más común y preferente de los antiguos mexicanos para alimentarse y acompañar a sus viandas fue el atole de maíz, que se preparaba con los granos cocidos, molido el nixtamal resultante, desleído en agua y a veces colado. Se tomaba, y se toma todavía, solo. Ahora se hace también con trozos de dulce de piloncillo, o mezclado antes con pinole, frutas y diversas semillas. Sahagún dice de tal bebida:

> Usaban también comer muchas maneras de puchas o mazamorras: una de ellas se llamaba *totonquiatulli*, mazamorra o atole caliente; otra *necuatolli*, atole con miel; otra más *chinecuahtolli*, atole hecho con chile amarillo y miel; y otro más, *guanexatolli*, atole hecho con harina de maíz molido, muy espeso, muy blanco, porque se le condimentaba con *tequisquitl*.

El *champurrado* es un atole moderno, endulzado, oscurecido y saborizado con dulce de piloncillo o chocolate. También hay atoles de frutas, que fueron conocidos de los indígenas prehispánicos, y resultan del agregado de piña, ciruela, zapote, mamey, etcétera. Ahora se aromatizan los atoles con vainilla y se les añade, para variar el sabor, canela, cáscara de limón u hojas de naranja. El *atole parado* es el endulzado con piloncillo y aderezado con pasas, cacahuates y queso. *Chileatole* es el que lleva chile, granos de elote y trocitos de queso, y algunos le agregan carne de puerco o de pollo. *Chinecuatole* es el que más se toma en Oaxaca y se prepara con masa de maíz, trozos de elotes tiernos y mole de olla.

El nombre del atole viene de la voz nahua *atolli*, que significa "bebida aguada". El atole preparado con la sola masa del maíz es llamado atole blanco. El nombre de la bebida sirvió a los hombres del campo para hacer frases y retruécanos: *dar atole con el dedo* es engañar o embaucar, *pan con atole* llaman al simple o al bueno para nada, *lucero atolero* es el lucero del alba y *atolear* dicen los charros mexicanos a la suerte de remolinear o agitar el lazo más de lo debido. *Atolera* es la vendedora de atole y *atolillo* el atole más aguado que el corriente, especial para niños y enfermos.

La segunda bebida por excelencia y frecuencia de uso en el mundo indígena fue el chocolate, cocimiento de la semilla del árbol de cacao, originario de México, al que Linneo llamó *Theobroma* (alimento de dioses). Del árbol de cacao se obtiene una baya (fruto ovoide), de la que se recogen entre 20 y 30 granos amarillentos, cuya grasa o aceite constituye la base del chocolate. El árbol padre del cacao fue considerado como regalo de los dioses por los indígenas toltecas, mayas y mexicas, quienes le rindieron culto especial.

Obtenían el chocolate, la "bebida de los dioses", moliendo los granos de cacao, cocidos en agua y mezclados con miel de maguey y harina de maíz o masa de nixtamal. El nombre de chocolate (*xocolatl* en nahua), significó simplemente agua agria: *atl*, "agua", y *xoco*, "agrio". El chocolate era preparado de muchas maneras: se le aderezaba con flores perfumadas, con vainilla, con mieles de caña de maíz, con otras mieles de maguey o de abejas, y lo había de distintos colores: sepia, bermejo, colorado, anaranjado, blanco y aun negro. La forma de prepararlo y tomarlo constituía un verdadero ritual, y para servirlo usaban jícaras exquisitamente decoradas, molinillos y coladeras (batidores y cedazos).

En sus transacciones comerciales, los indios usaron las semillas de cacao como moneda, aparte del intercambio directo que hacían de sus productos, o trueque de mantas, tejidos, cinturones, sandalias y huaraches, más otros artículos, por granos de cacao de superior calidad, o semillas raras y cañones de plumas de aves, transparentes y llenos de polvo de oro. Los mayas usaron como moneda, además de los granos de cacao, piedras labradas ex profeso y conchas marinas de color rojo.

En la preparación del chocolate usaron los aztecas la flor aromosa llamada *cacasúchil*, cuyo nombre deriva de las voces indias *cacahuatl*, "cacao", y *xochitl*, "flor". Es planta bombácea, con cuyas flores se aromatiza todavía el pozonque, bebida parecida al chorote, y que se hace con cacao frío. Su área de dispersión llega desde México a Centroamérica, donde también se le llama *flor de cacao, madre de cacao* y *rosa de cacao*. Tiene diversas aplicaciones medicinales.

Durante el virreinato en la Nueva España estuvo de moda tomar todas las tardes el chocolate en la tertulia, en lugar del té o del café; y lo acompañaban con soletas o galletas de harina fina de trigo. El virrey marqués de Mancera, aquejado de cierto temblor en las manos, o simplemente para dejar libre la mano derecha para *echar firmas*, inventó una nueva vasija, que fue llamada mancerina, y consistía en llevar la taza unida al platillo donde se ponían las soletas. Después la mancerina fue usada también como salsera.

El cacao-moneda no circuló solamente en los ámbitos del Imperio mexicano, sino también en los países vecinos de América. Como bebida, el cacao era delicia de los ricos solamente, y los pobres preferían servirse de él como moneda. Oviedo dijo al respecto: "La gente común no usa ni puede usar con su gula o paladar tal brebaje, porque no es más que empobrecer adrede y tragarse la moneda y echarla en donde se pierde". Tal moneda, los granos de cacao, no provocaban la avaricia, porque había que gastarla pronto, antes de que se descompusiera. Lo increíble es que tal moneda fue también falsificada, hacia 1537. El virrey Antonio de Mendoza envió al rey de España muestras de esas falsificaciones, que consistían en cáscaras vacías de semillas de cacao, rellenas de barro; eran llamadas *cacahuachichihua*.

El nombre *xocolatl* de los indígenas, convertido al castellano en la palabra chocolate, pasó a casi todos los idiomas del mundo sin alterarse: los catalanes lo llamaron *xocolata*, los franceses *chocolat*, los ingleses *chocolate* (chocoleit), los italianos *ciocolato*, los holandeses *chocolade*, los alemanes *schokolade*, los polacos *czecolada*, los húngaros *csokoládé*, los rusos *shokolad* y los árabes *chocolát*. El chocolate que saboreaba la emperatriz austriaca, María Teresa, tenía muy poco de común con la bebida que se toma actualmente, pues en esos tiempos el chocolate se hacía moliendo los granos tostados y formando una pasta muy espesa y grasosa, ya que las semillas de cacao contienen la mitad de su peso en aceite, que llaman manteca de cacao, y es muy indigesta y amarga si se ingiere sola. Sólo a principios del siglo xix, el holandés Van Houten descubrió un método para extraerle al cacao su manteca, sin privarlo de su sustancia estimulante, la teobromina; y a la vez consiguió elaborar un polvo seco, soluble en el agua, sin dejar residuos, que es el chocolate en polvo que actualmente se consume en grandes cantidades.

Los cronistas informan que a los señores se les servía, después de un banquete, bebidas de agua hechas con hierbas de salvia, muicle, cedrón o hierbabuena, "para asentar el estómago". Pero los que deseaban tomar bebidas fuertes, con algo de alcohol, podían conseguir un licor sacado de las palmas o el colonche, que se hacía de tunas fermentadas. Según el historiador Motolinía, los antiguos indios mexicanos conocieron una especie de vid silvestre, "cuyas parras son bravas y muy gruesas, las cuales echan muy largos vástagos y cargan muchos racimos, y vienen a hacer uvas que se comen verdes, y algunos hacen de ellas vinagre, y otros han hecho vino, aunque han sido muy pocos". También afirman que existen antecedentes acerca de los naturales de estas tierras que consumían alguna bebida hecha de maíz, que Orozco y Berra estima era parecida a las cervezas alemanas, sin tener cebada.

De las bebidas espirituosas o alcohólicas, llamadas licores en el mercado moderno, destacaba entre las producidas por los indígenas prehispánicos el mezcal, licor que se obtiene del cogollo o piña de un tipo de maguey más pequeño que el productor de pulque. El nombre mezcal significa en náhuatl *metlcalli*, "cocimiento de maguey". Para preparar el mezcal se cuece y muele la piña del maguey chico, se hace fermentar el jugo y luego se le destila en la olla por evaporación. Se dice que esta bebida fue inventada en Amatitlán, Jalisco, por los indígenas amaquitecos.

El tequila es el mismo mezcal, obtenido actualmente por modernos procedimientos de destilación comercial. Su nombre es el mismo de la antigua tribu de los indios tequiles, que habitaron la zona jalisciense, hoy localizada en el pueblo de Tequila. Para acompañar cada copa de tequila se usa un vasito o caballito de sangrita, bebida picante que se prepara con tres cuartas partes de jugo de jitomate, y la cuarta parte restante con jugo de naranja y limón, más sal, pimienta y unas gotas de salsa Tabasco. Otras bebidas regionales, de lejanos orígenes indígenas son:

Acajul de Puebla: frutilla como cereza silvestre y alcohol.
Bacanora de Sonora: aguardiente de maguey mezcalero.
Buppu de Oaxaca: alcohol con espuma de atole blanco hecho con canela, cacao y pétalos secos de *cacaloxochitl*, giéshuba y otras hierbas del istmo de Tehuantepec.
Charanda de Michoacán: versión del mezcal común.
Comiteco de Chiapas: igualmente versión del mezcal.

Chicha de varias regiones: obtenida de las cañas del maíz, cuando la mazorca está lechosa. También se elabora de las palmas y las piñas.

Chilatole de Puebla y Tlaxcala: maíz reducido y fermentado con chile y sal.

Chilocle de Puebla y Tlaxcala: pulque fermentado con chile ancho, epazote, sal, ajo y cebolla.

Chanuco de varios lugares: especie de sidra, de frutos fermentados con piloncillo.

Chumiate de México y Puebla: de capulín y otras frutas por infusión, maceración y colado.

Damiana de Sinaloa y Baja California: hierba aromática puesta en infusión en alcohol.

Guanábana de Veracruz y Campeche: infusión de la fruta de ese nombre, con alcohol.

Guásimo de Tabasco: fermento del jugo de la piña chiquita.

Holgatzin de Campeche y Yucatán: aguardiente de capulín.

Huikimo de Puebla: capulines maduros en infusión alcohólica.

Lechuguilla de Sonora y Chihuahua: mezcal elaborado con plantas parecidas a la lechuguilla.

Menjengue de Querétaro: bebida hecha con pulque, maíz, plátano y piloncillo.

Mezquite de Guanajuato: vino obtenido de la maceración de varias frutas, con aguardiente.

Mosco de Veracruz, Michoacán y Campeche: licor de naranja.

Nanche del Estado de México: de la frutilla de ese nombre en infusión, con aguardiente.

Petaquillas de Guerrero: obtenido de un mezcal particular.

Pitarrilla de Chiapas y Yucatán: de la corteza del árbol balché, secada al sol y fermentada con miel de abejas y agua.

Sangre de Baco de Guerrero: fermentación de uvillas silvestres.

Sangre de Pichón de Veracruz: de uvas silvestres o agraz y miel.

Sotol de Chihuahua y Sonora: extraído de la parte baja del maguey mezcalero.

Tepache de Jalisco: de la fermentación de piña y otros frutos.

Tesgüino de Chihuahua, Jalisco y Nayarit: maíz fermentado con piloncillo.

Tlanichicole de Veracruz: de la maceración de hierbas aromáticas y medicinales, con alcohol.

Tuba de Colima y Guerrero: jugo del tronco de la palma del cocotero, de fácil fermentación.

Xoconoxtle del centro del país: se obtiene el vino del jugo de la tuna agria y se le agrega un tercio de aguardiente y miel, se deja fermentar.

Xtabentún de Yucatán: destilado de la miel de una flor maya así llamada.

Zendecho del centro del país: maíz machacado, fermentado con especias, frutas o pulque.

Se afirma que la destilación empleada en las bebidas alcohólicas fue descubierta por los indígenas prehispánicos a mediados del siglo xv, antes de la llegada de los españoles al continente americano, y la aplicaron a sus licores y medicamentos. Las pencas del mezcal tequilero también las consumieron los mismos indios como dulce o postre, despojadas de sus hojas y tatemadas, tal como comían igualmente el camote tatemado. Durante la Colonia, en 1651, el médico español Jerónimo Hernández encontró que el vino mezcal llamado tequila, aunque "quemaba las tripas, era muy usado por el pueblo para la cura, por frotación, de la falta de movimiento en las articulaciones, así como de algunas otras enfermedades". Y en 1875, la

Sociedad Médica de Londres, Inglaterra, determinó en un informe que el tequila mexicano "es muy eficaz para curar enfermedades, pues se ha visto que, tomado con moderación, es un poderoso coadyuvante en la purificación de la sangre, un magnífico estimulante de las funciones del aparato digestivo y recomendable como aperitivo en algunos casos de inapetencia".

La primera fábrica moderna de tequila fue fundada en la segunda mitad del siglo XVIII por Juan Sánchez de Tagle, caballero de la Orden de Calatrava, capitán de los Reales Ejércitos de Su Majestad, noble de España y regidor de la "Muy Noble, Leal e Imperial Ciudad de México", y su tequila pudo llegar así hasta las islas Filipinas, en la Nao de China que transportaba mercaderías desde la Nueva España al Oriente.

El maguey y el pulque

Investigadores modernos comentan en la actualidad que el maguey es la planta providencial para el indio otomí del valle del Mezquital, en el estado de Hidalgo. De su cogollo saca, mediante succión, el aguamiel que es su bebida ordinaria, en vez del agua natural que falta; su leche alimenticia porque no tienen ganados; y fermentado, el pulque o licor con que aligeran sus penas y olvidan su miseria. Su vástago le da el quiote, que mastica como si fuera fruta dulce, y tostada la penca le produce el mezcal, que es un dulce acicalado. Las mismas pencas le sirven para cubrir las chozas, con techos que dejan pasar el aire, el sol, el polvo en abundancia y la lluvia apenas perceptible. Y con la fibra confecciona una especie de costal, el ayate, que lo acompaña como vestimenta desde la cuna hasta el sepulcro. El ayate es hamaca que cuelga del techo para evitarle al niño que en él duerme las sabandijas del suelo; es chal para las jóvenes, que con él cubren su desnudez y timidez; es mochila donde los hombres llevan sus utensilios de trabajo, sus útiles personales, su frugal comida, su mundo en general; y, finalmente, es la mortaja que los cubre en la muerte, cuando son enterrados en las arenas del desierto.

En la misma forma que el moderno otomí, emplearon los antiguos indígenas prehispánicos al maguey, por lo que la planta fue considerada sagrada. Las pencas secas eran leña y abonos para los cultivos, lejías para lavar y fibras para tejer, hilos y agujas para coser, punzones para el calzado, papel para sus jeroglíficos, canales para el agua, cuerdas, redes y vallas. Además obtenían vinagre del aguamiel, y diversas partes de la planta tenían aplicaciones medicinales, que usaban en cataplasmas para curar heridas, picaduras de animales ponzoñosos y otros padecimientos. Con las fibras del maguey hacían unas mantas de tejido ralo, como grandes pañizuelos, que usaban para transportar legumbres, verduras, frutas y otras piezas para el mercado: recogían las cuatro puntas del paño, ponían en el centro las mercaderías a transportar, y recogiendo las cuatro puntas confeccionaban el bulto.

Con las mismas fibras, pero en tejido más apretado, hacían tapetes y esterillas para cubrir el suelo y formar camas, sarapes y cobijas para cubrir las esteras de dormir; manteles para las mesas improvisadas y cortinas para tapar las puertas sin jambas. Pero, sobre todo, con el maguey elaboraban la extraordinaria bebida del pulque, que era bebida dulce si quedaba en aguamiel, y licor alcohólico si se fermentaba. Bebían diariamente el tepache, una mezcla de pulque, jugo y cáscara de piña, de muy fragante sabor, así como el colonche, elaborado con el jugo de la una y frutas diversas, y aderezado con un poco de pulque.

El pulque era llevado al mercado y las casas de almacén por los *tlachiqueros*, especie de cosecheros y proveedores que hacían las entregas en grandes odres o tinajas de barro, que cargaban sobre las espaldas amarradas con cuerdas de fibras de maguey. Los mismos tlachiqueros extraían de las pencas de maguey el jugo de la planta, mediante succión que hacían con la boca al través de largos guajes huecos que llamaban acocotes (*acocotl*). Al pulque en aguamiel llamaban *octli*, y ya fermentado *neutli*; los españoles lo llamaron pulque (pulcre) por creer que era una bebida distinguida y pulcra. Los nahuas deificaron al maguey llamándolo Mayahuel, la diosa matrona de los 400 pechos, con los que amamantaba a otros tantos hijos, el más importante de ellos Ome Tochtli, dios del pulque.

El misionero español fray Pedro de Benavente, Motolinía, describió así al maguey:

Metl es un árbol o cardo que en lengua de las islas se llama maguey, del cual se hacen y salen cosas que, como lo que dicen que hacen del hierro; es verdad que la primera vez que yo lo vi, sin saber ninguna de sus propiedades dije: gran virtud sale de este cardo. Él es un árbol o cardo a manera de una yerba que se llama *zábila*, sino que es mucho mayor. Tiene sus ramas o pencas verdes, tan largas como vara y media de medir; van seguidas como una teja, del medio gruesas y adelgazando los lados del nacimiento; es gorda y tendrá casi un palmo de gruesa. Va acanalada y adelgazándose tanto a la punta, que tiene tan delgada como una púa o punzón; de estas pencas tiene cada maguey 30 o 40, poco más o menos, según su tamaño, porque en unas tierras se hacen mejores.

Después que el *metl* o maguey está hecho y tiene su cepa crecida, le cortan el cogoyo con cinco o seis púas, que ahí las tiene tiernas. La cepa que hace encima de la tierra, de donde proceden aquellas pencas, será del tamaño de un buen cántaro, y ahí dentro de aquella cepa le van cavando y haciendo una concavidad tan grande como una buena olla; y hasta gastarle del todo y hacerle aquella concavidad tardarán dos meses más o menos, según el grueso del maguey; y cada día de estos van cogiendo un licor de aquella olla, en la cual se recoge lo que destila. Este licor, luego como de ahí se coge, es aguamiel; cocido y hervido al fuego, se hace un vino dulce, limpio, lo cual beben los españoles, y dicen que es muy bueno y de mucha sustancia y saludable. Cocido este licor en tinaja, como se cuece el vino, y echándole unas raíces que los indios llaman *cepatli*, que quiere decir "medicina o adobo de vino", se hace un vino tan fuerte [el pulque] que a los que beben en cantidad embeoda.

Por su parte, tres siglos después, el barón de Humboldt habló así del maguey y del pulque:

En la cumbre interior de la intendencia de la Puebla, y en la de México, se ven inmensos campos llenos de pital o magueis. Esta planta, que tiene las hojas correosas y espinosas, y la cual con la higuera chumba (nopal de tunas) se ha hecho silvestre desde el siglo XVI en toda la Europa austral, en las islas Canarias y en las costas de África, da un aspecto particular a los campos de México. Los magueis o *metl* que se cultivan en México pertenecen a las numerosas variedades del agave o pita americana, que tan común es en nuestros jardines, cuyas flores son amarillas, rectas, en hacecillos y cuyos estambres son dos veces más largos que las lacicas o gajos de la corola.

Los plantíos del maguey del pulque se extienden tanto como la lengua azteca. Los pueblos de casta otomita, totonaque y mixteca no son aficionados al *octli*, que los españoles llamaron pulque. Los mejores plantíos que he visto han sido en la vega de Toluca y en las llanuras de Cholula. Los pies de pita están plantados en filas a 5 pies de distancia unos de otros. Las plantas no comienzan a dar su jugo, que llaman miel por el principio sacarino en que abunda, sino hasta que comienza a formarse el cogollo. Entonces se corta este cogollo o corazón y se le hace un hoyo, que se va ensanchando poco a poco. Es este hoyo una verdadera fuente vegetal, cuyo jugo corre durante dos o tres meses, y de la cual el indio saca su bebida tres veces al día. Por lo común, cada planta da en las veinticuatro horas unos ocho cuartillos, tres al amanecer, dos al medio día y otros tres a la tarde. La miel o jugo de la pita tiene un sabor agridulce bastante agradable. Fermenta ácidamente, a causa del azúcar y mucílago que contiene, y para adelantar esta operación se suele echar un poco de pulque añejo y ácido, con lo que se concluye de hacer el licor en tres o cuatro días. La bebida vinosa, que se parece a la sidra, tiene un olor de carne podrida sobremanera desagradable. Pero los europeos han llegado a acostumbrarse a tan fétido olor que prefieren el pulque a las demás bebidas, pues lo tienen por estomacal, fortificante, muy nutritivo y lo recetan a las personas muy flacas.

Y prosigue Humboldt hablando de los usos del maguey, con estas frases:

Pero el maguey no sólo es la viña de los pueblos aztecas, sino que también pudo servir por el cáñamo del Asia y la caña de papel (*Cyperus papirus*) de los egipcios. El papel en que los antiguos mexicanos pintaban sus figuras jeroglíficas se hacía de las fibras de las hojas de la pita, maceradas en agua y pegadas unas sobre otras, como las fibras del *Cyperus* de Egipto y del moral (*Broussonetia*) de las islas del mar del Sur. El hilo que se saca de estas hojas de maguey se conoce en Europa con el nombre de *hilo de pita*, y los físicos lo prefieren a los demás porque está menos sujeto a torcerse… El jugo de cocuiza (en las provincias de Caracas y Cumaná el

Agave cubensis es llamado maguey de Cocuy), que es el de la pita, cuando le falta mucho para entrar en flor, es muy acre y sirve muy bien como cáustico, para limpiar las llagas. Las espinas que las hojas tienen en la punta servían antes como las de la higuera chuma (el nopal de tunas) de alfileres y clavos a los indios, y con ellas los sacerdotes mexicanos se abrían los brazos y el pecho en sus ceremonias expiatorias, semejantes a las de los budistas del Indostán.

Pero nadie describe en mejor forma casi todos los usos antiguos del maguey como el fraile Motolinía, quien dice de ello:

Se saca de aquellas pencas hilos para coser. También hacen cordeles y sogas, maromas y cinchas, y jáquimas y todo lo demás que se hace del cálamo. Sacan también de él vestido y calzado, porque el calzado de los indios es muy al propio del que traían los apóstoles, porque son propiamente sandalias. Hacen también alpargatas como las de Andalucía, y hacen mantas y capas, todo de este *metl* o maguey. Las púas en que se rematan las hojas sirven de punzones, porque son muy agudas y muy recias, tanto que sirven algunas veces de clavos, porque entran por una pared y por un madero razonablemente, aunque su propio oficio es servir de tachuelas cortándolas pequeñas. En cosa que se haya de volver a doblar no valen nada, porque luego saltan, y pueden hacer que una púa pequeña, al sacarla, lo hagan con hebra, y servirá de hilo y aguja.

Las pencas también por sí se aprovechan para muchas cosas. Cortan estas pencas, porque son largas, y en un pedazo ponen los indios maíz que muelen, y cae ahí como lo muelen con agua, y el mismo maíz ha de estar bien mojo, ha menester cosa limpia en que caiga; y en otro pedazo de la penca lo echan después de hecho masa. De estas pencas hechas pedazos se sirven mucho los maestros que llaman *amantecatl*, que labran de pluma y oro; y encima de estas pencas hacen un papel de algodón engrudado, tan delgado como una muy delgada toca, y sobre aquel papel y encima de la penca labran todos sus dibujos, y es de los principales instrumentos de su oficio. Los pintores y otros oficiales se aprovechan mucho de estas hojas, hasta los que hacen cosas toman un pedazo y en él llevan el barro. Sirven también de canales y son buenas para ello... Las pencas secas del maguey sirven para hacer lumbre, siendo dichas pencas la leña de los indios pobres. Es combustible que hace muy buen fuego y la ceniza es muy buena para hacer lejía, que se emplea para lavar (por su alto contenido de sosa cáustica).

El mismo Motolinía cuenta otros usos que los indios prehispánicos hacían del maguey:

Si a este *metl* o maguey no le cortan para coger vino, sino que le dejan espigar, como de hecho muchos espigan, echa un pimpollo tan grueso como la pierna de un hombre (el *quiote*, que se mastica para tomar su jugo dulce) y crece dos y tres brazas, y echada su flor y simiente se seca para hacer casas, porque de él salen buenas latas, y las pencas de las verdes suplen por tejas. Cuando ha echado un árbol, se seca todo hasta la raíz, y lo mismo hace después que le han cogido el vino. Es muy saludable para una cuchillada o para una llaga fresca, tomar una penca y echarla en las brasas, y sacar el zumo así caliente es muy bueno. Para la mordedura de víbora han de tomar de estos magueyes chiquitos, del tamaño de un palmo, y la raíz que es tierna y blanca, y sacar el zumo y mezclado con zumo de ajenjo de los de esta tierra, y lavar la mordedura y luego sana: esto yo lo he visto experimentar y ser verdadera medicina; esto se entiende siendo fresca la mordedura.

Se hace del *metl* buen papel: el pliego tan grande como dos pliegos del nuestro, y de esto se hace mucho en Tlaxcallan, que corre por gran parte de la Nueva España. Otros árboles hay de que se hace de tierra caliente, y éstos se solía gastar en gran cantidad. El árbol y el papel se llama *amatl*, y de este nombre llaman a las cartas y a los libros, y al papel amate, aunque el libro su nombre se tiene. En este *metl* o maguey, hacia la raíz, se crían unos gusanos blanquecinos, tan gruesos como un cañón de una avutarda y tan largos como medio dedo, los cuales tostados y con sal son muy buenos de comer. Yo los he comido muchas veces, en días de ayuno a falta de peces.

El *ixtle* es la fibra textil de una clase de magueyes también mexicanos, menos fina y más fuerte que la obtenida de la maceración de las hojas del maguey, de la cual hemos hablado ya. Las telas y cuerdas de ixtle llegaron a ser tan importantes durante el virreinato en la Nueva España, que según lo recuerda Humboldt: "El cultivo de la pita es un objeto tan importante para la Real Hacienda, que los derechos de entrada que se pagan en las tres ciudades de México, Toluca y Puebla, ascendieron en el año de 1793 a 817 793 pesos".

Fray Bernardino de Sahagún cuenta que en honor del dios del fuego, llamado Xiuhtecutli, los indios mexicanos hacían una magnífica fiesta cada cuatro años, y en ella "no solamente los viejos y viejas (como estaba permitido) bebían vino pulque, sino todos, mozos y mozas, niños y niñas lo bebían". El pulque, según este cronista, era llamado "vino de la tierra", y sólo los viejos tenían licencia de tomarlo. Tal prohibición partía del hecho de que el pulque, aunque era alimenticio y se empleaba en las ofrendas hechas a los dioses, también era considerado como raíz y principio de todo mal y de toda perdición, lo mismo que de discordias, hurtos, violencias y soberbia.

Se dice que Quetzalcóatl, personaje mítico elevado a la categoría de dios por los antiguos indinos prehispánicos, tuvo que abandonar su retiro por haberse emborrachado y cometido actos inconvenientes estando beodo, y Tlalchinotzin, alto personaje de Cuautitlán, tuvo que vender lo que poseía y cayó en la miseria y el abandono para comprar el pulque con el cual se embriagaba diariamente.

Las ordenanzas españolas disponían, en México, que no podían beber vino (pulque) sin licencia de los señores y de los jueces, y no lo daban sino a enfermos y a viejos que pasaban de cincuenta años, porque se les iba enfriando la sangre, y no podían beber más de tres tazas pequeñas al comer. En las bodas y fiestas tenían licencia general los que pasaban de treinta años para beber dos tazas, y cuando acarreaban madera y piedras grandes, por el gran trabajo que en ello pasaban. Las paridas lo podían beber los primeros días y no más, y había muchos que en salud y enfermos no lo querían beber. Los señores y principales y la gente de guerra tenían por afrenta beberlo. Era muy aborrecida entre ellos la embriaguez, y tenían por infame al que se embeodaba, y la pena que tenía era que en el mercado público lo trasquilaban a la vista de todos, fuese hombre o mujer, y luego le iban a derribar la casa.

No obstante ello, al transcurrir el tiempo el uso del pulque se generalizó, y aun se le encontraron las virtudes de ser una bebida casi inocua y tan alimenticia como la carne. En 1792, el superintendente interino de la Real Aduana de Pulques de la ciudad de México, decía al virrey conde de Revillagigedo:

El maguey es apto para proveer a los indios de agua, vino, aceite, vinagre, miel, jarabes, hilo, agujas, vigas, tejas y otras cosas de la necesidad humana, bien que la principal aplicación que se le da es la extracción del pulque, cuyo brebaje, al paso que medicinal por acomodo a la región, ha sido por el abuso origen de infinitos delitos y enfermedades, tanto que el celo religioso de nuestros angustiados monarcas, no pudiendo extinguir aquél, ha dictado saludables providencias para ahogar éstos.

La realidad es que, si bien desde el tiempo de los indios antiguos los señores prohibieron el abuso del pulque (hasta con pena de muerte en Texcoco a los sacerdotes y funcionarios públicos sorprendidos en estado de embriaguez), el pueblo fue cayendo en la borrachera con pulque porque, bajo cuerda, se incitaba el aumento de las ventas de la bebida para dejar al erario español mayores ingresos cuando el pulque fue gravado en la aduana. Así, las disposiciones que se dictaron para evitar el uso inmoderado del pulque y otras bebidas embriagantes, en la práctica esas medidas no fueron acatadas.

Al sobrevenir la vida independiente en México, según cronistas de esa época, al no haber ya represión alguna en el uso y abuso del consumo de pulque, al empezar el siglo XIX eran tantos los expendios de venta de pulques en la ciudad de México, que las pulquerías abrían sus puertas "una cada veinte pasos". Tanto se consumía tal bebida, que las haciendas pulqueras donde se cultivaba el maguey, y en cuyos tinacales se elaboraba el pulque, enriquecían fabulosamente a sus dueños. Después de 1850, las familias pulqueras (productoras de pulque en sus haciendas), empezaron a desplazar a las familias mineras del virreinato para formar la nueva aristocracia del Porfiriato.

La leyenda indígena dice que el pulque fue inventado por Mayahuel, mujer divinizada e identificada con la planta del maguey. Fue ella la primera que agujereó el corazón de la planta para que escurriera el aguamiel que, fermentado, produce el pulque.

A su perfeccionamiento, con la edición de raíces y frutas, que le dan buen sabor y poder embriagante, concurrieron otros personajes, también divinizados: Tantecatl y Tepoztecatl. Otra leyenda tolteca dice que el noble Papantzin descubrió en sus jardines una planta de maguey que las ratas comían, royendo su cogollo o corazón, y bebiendo el jugo que exprimían daban muestras de gran alborozo. Papantzin tomó de ese jugo, lo encontró agradable y, con su hija Xochitl (Flor), envió una vasija del brebaje al rey Tecpancaltzin. El monarca recibió el presente con agrado, y habiendo bebido del aguamiel se prendó de la joven Xochitl, a la cual enamoró.

La leyenda agrega que Papantzin vio con buenos ojos el ena-moramiento del rey, y siguió enviando a su hija con jícaras de aguamiel, y aun de vino fermentado, el pulque, para el monarca enamorado. Este desposó a Xochitl por fin y tuvo con ella un hijo, que fue llamado Meconetzin o "hijo del maguey", quien creció re-sultando adicto al uso inmoderado del pulque. Cuando éste beodo heredó el reino de su padre, con su vicio de la embriaguez no supo gobernar correctamente y llevó a su pueblo a la perdición.

Animales de la tierra

La fauna tropical, alojada en los bosques y selvas del sur y el sureste el gran Imperio mexica, era extraordinariamente rica, sobre todo en especies silvestres que proporcionaban caza deportiva y alimenticia. Habitaban esos lugares variados ejemplares de agutíes, ardillas, armadillos, antílopes, conejo, coyote, cocodrilo, caimán, comadreja, *coyametl*, jabalí, liebre, lobo zorro, lagarto, jaguar, gato montés, lince, mapache, marta, nutria, ocelote, oso negro y pardo, mono, tapir, tejón, tigrillo, tuza, tlacuache, *tepezcuintle*, venado y zorro, así como el zorrillo, tortuga, iguanas y serpientes.

Entre las aves del aire destacaban el airón, el ánsar, los ánades, becada, codorniz, cotorra, cerceta, gallineta, guacamaya, guaco, ganso, guajolote, faisán, loro, paloma torcaz, pato, perdiz, perico, papagayo, pelícano, chichicuilote, tordo, tórtola. En los mares cercanos abundaban peces y mariscos tales como mergos de lagunas y ríos, pámpanos, pargos, huachinangos, congrios, sollos, besugos, pescado blanco de Pátzcuaro, juiles, ranas, culebras, acociles y charales.

Los indígenas prehispánicos disponían, mediante la caza, captura, pesca y sólo excepcionalmente la cría de muchos de esos animales. Comían sus carnes y productos crudos, asados, cocidos y guisados. Usaban poco las grasas, a no ser las de los animales que guisaban en su propia gordura; ahí los freían y les agregaban, si era necesario, las grasas de animales más provistos de ellas. Usaban también algunas grasas vegetales, como las que obtenían del cacahuate, la alegría o amaranto y la chía, sobre todo el aceite de esta semilla, que daba un sabor delicioso.

El cronista español Fernández de Oviedo y Valdés informa que los indios prehispánicos guisaban algunas viandas con aceite de cacao, y usaban la enjundia de ciertas aves, así como de los *perrillos* que criaban para comer, y que castraban para engordarlos. Los aceites de olivo y ajonjolí y la grasa del cerdo fueron introducidos y usados posteriormente por los españoles colonizadores. Más que la grasa, los indios preferían para comer los alimentos preparados en su propia gordura, como lo lograban con el sistema de la barbacoa, platillo que preferían y que aderezaban con la carne de venado.

Comían muchas aves, ciertas especies de palomar menores, como la torcaz; algunas de faisanes, el *coxolitli* y el *tepetototl*, el pato *concanauhtli*, grande, bajo, de pies de color ceniciento, pico y patas anchas, que se criaba en las lagunas. Hacía sus nidos entre las espadañas, donde ponía sus huevos y los empollaba, sacando a sus hijuelos. Era el de mayor tamaño de todos los patos, y lo preparaban las indias con ciruelas agrias.

La caza del ánade la hacían los indígenas así: tomaban varias calabazas grandes, comían su pulpa sin partirlas, sacándola por unos agujeros que iban a servirles como visores. Arrojaban al agua de la laguna varias calabazas vacías, para que flotaran y los patos las consintieran, sin temor alguno. Pero luego el indio cazador se ajustaba en la cabeza una calabaza con agujeros, a manera de escafandra, y con ella se mezclaba entre los patos que nadaban y pescaban en las aguas. Éstas no eran profundas y podía el cazador ir de pie, mirando a través de las hendijas abiertas en la calabaza. Así, sin esfuerzo alguno, capturaba a cada pato por las patas y lo sumergía, torciéndole el cuello bajo el agua, para que no hiciera ruido. Podía capturar el cazador todas las aves que quisiera, pero sólo tomaba las que habría de consumir o de llevar al mercado aquel día.

Entre los antiguos platillos mexicanos que aún se estilan están el atole, el chocolate, el pulque y algunos licores y bebidas dulces, las tortillas y los consumos que con ellas se preparan, y platos diversos como la carne seca y tasajo, solos o enchilados, de Chihuahua y Sonora. De Yucatán se conservan numerosos platillos como el *papadzul* de semillas de calabaza; el *mucbi pollo* o tamal de muerto, de gran tamaño, hecho de maíz con achiote; el *relleno negro de la abuelita*, en tortillas de maíz fritas, y cuyo pellejo se levanta para encerrar el aderezo; el *pan de cazón*; el *venado en dzic* en lonjas y en pipián; el *sotobichay*, de hojas de chaya, masa de maíz, huevo, pepitas de calabaza y salsa de jitomate con chile habanero; y el *pibil de guajolote*, condimentado con especias y hierbas de olor, y envuelto en hojas de plátano; y finalmente los *panuchos de frijol*.

Algunos viejos platillos indígenas los preparaban así, y muchos de ellos siguen usándose, como la *liebre a la cazadora*: ya limpia la liebre, se corta en trozos y se adoba con sal y una pizca de tequesquite, después se fríe en aceite a fuego fuerte y, al dorarse, se le añade cebolla cimarrona picada, perejil, pimienta indígena, media tacita de aceite de chía, una copa de mezcal, y se tapa y se cuece a fuego lento hasta que esté a punto, momento en que se pican el corazón y el hígado, que se habían cocido con la liebre, y se unen a ella.

El *armadillo estofado* se hace como la liebre: se le quita el caparazón, se corta en trozos medianos, y se fríe y trata como la liebre en la receta anterior. Al servirse se adorna con pimientos dulces verdes, en tiras. Es delicioso.

La *barbacoa de mixiote* se puede hacer con ambas carnes, con la de liebre y con la de armadillo, o bien con la de guajolote: se parte un kilogramo de carne en trozos de 100 gramos, que se cuece bien. Diez chiles anchos se desvenan y se ponen a remojar en el caldo, y ya que están suaves se muelen con una cebolla silvestre indígena, un tomatillo verde chico y se sazona con sal y alguna hierba de olor indígena. A cada cuadrito de mixiote, que se haya cortado con anterioridad, se le pone una hoja de aguacate y un trozo de carne, remojados en la salsa de chile. Se forman bolsitas, amarrándolas con un hilo, y se ponen a cocer en el horno de la barbacoa o en una vaporera u olla a presión.

La *barbacoa a la mexicana* se prepara así: en el fondo de una olla a presión se pone un vaso de pulque; con una penca de maguey, partida y abierta a la mitad, se forma una cama, sobre la cual se coloca medio kilogramo de carne de guajolote cortado en trozos; se le añade un poco de sal y se tapa la olla. Se deja evaporar durante una hora o 45 minutos, hasta que el vapor salga por el escape. Se retira del fuego la olla y se deja enfriar lentamente, ya lista se sirve con salsa borracha.

Barbacoa es palabra maya que ha sido incorporada a casi todos los idiomas del mundo conservando casi íntegramente su escritura, aunque no su fonética, como sucede con la voz *barbecue* (barbiquiú) del inglés. Denota un sistema de cocimiento por calor indirecto, que fue inventado en el México indígena prehispánico, cuando el mundo no lo conocía aún. Antes de añadirse ese medio de cocimiento a la cocina mundial, así como el otro invento mexicano del vapor de la *olla de los tamales*, que en parte se aprovechó al llegar la olla a presión, el mundo sólo conocía tres métodos de cocimiento: el asado al fuego directo, la fritura en grasas y la ebullición de los hervidos.

Para el cocimiento a fuego indirecto, los mayas primero, y luego las tribus nahuas, se formaba un hoyo en la tierra, a manera de horno bajo, cuya base llenaban de brasas de leña y sobre ellas colocaban planchas de piedra que calentaban a grandes temperaturas. Sobre las piedras ponían lo que había de cocerse, y lo cubrían todo y llenaban de brasas de leña, y sobre ellas colocaban hojas frescas, principalmente de plátano silvestre y mantas, que evitaban la fuga del calor y la pérdida del vapor de los líquidos de las carnes y alimentos que ahí se preparaban. Las carnes así preparadas no pierden sus jugos y quedan tiernas y sabrosas.

En el siglo XVIII James Watt, inglés, inventó la máquina de vapor, en la que el mecanismo se mueve por la presión del vapor formado en una caldera o recipiente cerrado con agua que se calienta y expande. Más tarde, el francés Caréme, brillante gastrónomo y príncipe de los buenos gourmets, aplicó el vapor a la cocina, inventando la vaporera, recipiente cerrado que más tarde sería reemplazado por la olla a presión, vaporera graduada y hermética. El propio Caréme reconoció, alguna vez, que su vaporera fue posible porque ya los antiguos mexicanos habían inventado, siglos antes, el sistema de cocer al vapor en su olla de los tamales.

Para ello colocaban los antiguos indios, en el fondo de una gran olla de barro, un poco de agua y sobre ella un emparrillado o cama de varas entrelazadas, cubierta con un *tapextle* o cama de hierbas secas o de paja. Sobre esa cama colocaban los alimentos que habían de cocerse. Cuando el agua interior vaporizara, tamales o carnes, elotes o chayotes quedaban deliciosamente suaves. El cocimiento lo efectuaban a fuego lento, pero cuando deseaban una presión más alta y un cocimiento más rápido atizaban el fuego y tapaban la olla con hojas de plátano o de maíz y mantas encima, formando así una verdadera marmita.

El padre Alzate, en la memoria que presentó a la Academia de Ciencias de París en 1770, habla del uso exclusivo que hacían los antiguos indios mexicanos de su olla de los tamales. Los alimentos así cocinados dan mayor rendimiento nutritivo, conservan sus sales y vitaminas y adquieren mejor sabor y tersura. Esa memoria valió al padre Alzate ser aclamado como miembro de honor de la ilustre Academia, siendo el primer nativo de América que a ella ingresara, dos años antes de que la academia abriera sus puertas al ilustre Benjamin Franklin.

El mixiote es la cutícula o epidermos que cubre a las pencas y hojas del maguey, envoltura que se desprende cuidadosamente y aparece como un delgado pergamino transparente. En esa especie de papel de envoltura se guardan y conservan porciones de carnes y alimentos que se desea cocer, bolsitas o zurrones que son llamados también mixtotes, y ya cocidos se saborean como los tamales envueltos en hojas de maíz. Generalmente, de la cutícula de una penca salen dos hojas o mixiotes, que bastan para tener a su vez dos piezas de envoltura de cada una de ellas. Ahí pueden envolverse los tamales o las carnes y viandas que han de cocerse al vapor en la olla de los tamales o *tecomitmalli*. El mixiote convida a la vianda que abriga y que va a cocer al vapor, su frescura, su sabor a savia fresca y su olor a campo, tan deleitoso.

Para dar mejor sabor a las viandas cocinadas al vapor, ya sea en el horno de la barbacoa o en el mixiote envolvente, se usa mucho el condimento de la planta llamada *acuyo*, nombre nahua que conoció Hernán Cortés. Fascinado por las propiedades de la planta, la llamó "yerba santa", y en verdad que la misma combina los sabores y favores del anís con el enebro, de la yerbabuena con el hinojo, y presta un delicado sabor al alimento. Las hojas del acuyo sirven también, como las de plátano, para envolver viandas, especialmente los tamales o *atmalli*.

A la fecha se preparan algunas aves como se hacía en el México prehispánico.

Faisán moldeado. Se toman dos faisanes jóvenes, limpios y deshuesados. Se preparan sus higaditos. Uno de los faisanes se convierte en carne molida con dos huevos de faisán, sal y pimienta de la tierra molida. Se toma un molde de panqué y se unta con manteca vegetal o aceite en el fondo, donde se colocan unas hojas de laurel y unos pimientos verdes dulces en tiras. Se llena el molde con el faisán deshuesado y se rellena con la pasta preparada, apretando y acomodando. En el centro se ponen los higaditos separados y se cubren con un poco más de pasta. Finalmente se mete el molde a la olla a presión, donde se cuece por tres cuartos de hora aproximadamente. Se saca, se deja enfriar y ya frío se sirve.

Pato a los capulines. Se hornean ligeramente dos patos limpios y sazonados con sal, pimienta de la tierra y miel de abejas. Se les agregan, deshuesados como están y cortados en piezas, cebollas indias, un jitomate machacado y una calabacita rebanada. Cuando todo se dore un poco se le agrega un vaso de pulque y se hornea cuidadosamente, vigilando que no se reseque. Se añade el caldo en que se cocieron antes los patos. Cuando todo esté listo, se dispone en un platón y se decora con capulines.

Pichones a la parrilla. Se deshuesan por la espalda seis pichones tiernos o palomitas torcazas. Se acomodan en una cacerola y se van sacando para asarlos a la plancha o la parrilla, sirviéndolos al momento en que están listos. Al servirlos se acompañan con papas fritas y rodajas de jitomates, así como tiras de pimientos verdes, dulces. Los pichones deben haberse sazonado con sal y pimienta de la tierra, y si se quiere un poco de vinagre de frutas o de maguey.

Tortolitas cocidas. En una cacerola de cobre estañado se pone un poco de grasa animal. Cuando esté derretida se le agrega una cebolla picada y seis tortolitas perfectamente lavadas y partidas a lo largo por la mitad. Se fríen un poco y se les añade alguna verdura u hortaliza que nos apetezca comer, partida en pequeños trocitos; más sal y pimiento dulce para aderezar. Se echa un litro de agua caliente y se deja hervir a fuego lento durante cuatro horas; al final se añaden dos cucharadas soperas de vinagre de frutas. Si le falta agua en el tiempo de la cocción, se le agregará agua hirviendo. Las tortolitas deben quedar secas y se sirven poniendo en el platón la verdura primero y encima las aves.

Los huevos tienen un papel muy importante en la alimentación. Lo esencial es que sean frescos, porque a medida que el tiempo pasa no sólo pierden agua por los poros de la cáscara, sino que además pueden penetrar en ellos microbios, como se ha comprobado en numerosos experimentos. También la conservación defectuosa entraña un serio peligro de infecciones que es necesario prever. Todo esto no importó a los antiguos indígenas prehispánicos de México, tanto porque comían pocos huevos en sus viandas, como porque nada sabían de dietética ni de salud.

Sin embargo, también en la era prehispánica los indígenas comieron huevos de aves, especialmente de guajolote, faisán, palomas y las aves mayores y menores que conocieron, especialmente el pato y las tortolitas. Como ahora, los indios comieron huevos crudos, vertidos en caldos, mezclados con pulque, pasados por agua o tibios y escalfados, que son los más digeribles, sazonándolos con un poco vinagre de maguey. En el extremo opuesto a los huevos crudos, los indígenas antiguos comieron huevos cocidos, que hervían con su cáscara y luego los saboreaban. Esos huevos duros los tomaban con un poco de sal o de *tequesquite*; y lo mismo hacían con los huevos fritos en aceite de chía, y los batidos con jitomate y aguacate.

Los revueltos de huevo con carnes, pescados, tomates y hortalizas fueron del agrado de los indios antiguos, pero ignoraron desde luego los huevos como base de las cremas de repostería y de los postres.

Los perros tuvieron grande importancia en la economía prehispánica. El perro llamado *xoloitzcuintli*, o perro paje, era del tamaño de un perro actual, de mediana alzada. No tenía pelo largo, sino una tenue pelusa que le cubría el cuerpo, y cerca del hocico cerdas le daban la apariencia de tener bigote. Tenía algunas manchas de color negro y amarillo; grandes y muy agudos colmillos y larga cola. Estos perros fueron usados como bestias de pequeñas cargas, y como compañeros de viaje. El segundo género de perros fue el *izcuintepozotli* o perro de joroba. Era mucho más pequeño y apacible, de largas orejas y colores blanco, amarillo pálido o bayo y negro. Como características propias llevaba joroba, gran nariz y rabo muy corto. Estos perros eran los que, después de cebados, se comían como carne de entrada o principio, en especial en las exequias o en los banquetes de los traficantes en grande. Según la creencia de los nahuas, estos perros eran los que pasaban a los muertos sobre las corrientes del río infernal, siendo en número de nueve los que conducían a cada difunto. Era de razón que fuera un perro amarillo, y no negro ni blanco, porque daban excusas para acompañar a su amo en la vida del más allá. Estos perrillos fueron acabados por los españoles conquistadores, a falta de otra carne.

El tercer género de perros indígenas era el del *tepeitzcuintli*, o perro montaraz. Era muy pequeño, pero muy bravo. Tenía blancos el cuello, la cabeza y el pecho. Era destinado a la caza de topos, hurones, ardillas y animales pequeños. Su ladrido era muy apagado, y su especie también se terminó casi al concluir la conquista.

El mercado propio de los perros comestibles, en tiempos del emperador Moctezuma, estuvo en el pueblo de Acolman, en el reino de Texcoco. Ahí eran criados en lugares especiales, en donde gentes conocedoras de la índole de cada especie canina los alimentaban, cuidaban y enseñaban lo que tenían que aprender. Mercaderes especializados también llevaban esos perros al mercado texcocano, en donde, según fray Diego Durán, todavía en 1580 "vendían perros para el banquete".

Los perros fueron los animales que con mayor antigüedad domesticaron los indígenas prehispánicos. Por su inteligencia y lealtad, así como por su gran plasticidad evolutiva, permitió que este animal fuera utilizado de muy diversas formas. Ya vimos que algunos de ellos sólo fueron destinados a alimentar a los seres humanos, pero otros se emplearon como acompañantes de los viajeros, cazadores y aun cargadores de pequeños fardos. Por su bravura, se infiere que algunos de esos perros indígenas deben haber servido también de guardianes de casas y personas, y aún como piezas de adorno y exhibición.

El perro jorobado o *itzcuintepozotli* fue el único cebado especialmente para ser comido, no en el diario yantar, sino en las comilonas de los banquetes. Se preparó su carne de la misma manera que el guajolote, el venado, el armadillo, el conejo y el *tepezcuintle*, o perro silvestre, que fue cazador y cazado. Pero, en desagravio de su fin de ganado pequeño, el perro jorobado tuvo también una misión más noble: acompañar a los muertos en su viaje al más allá, servirles de guía y protección y ayudarlos a cruzar, sin peligro, las procelosas corrientes del río infernal.

Animales del agua

Los mexicas vivieron su desarrollo social en torno a los grandes lagos del valle de México, la cuenca cerrada en donde llegaban a desaguar casi todos los ríos de la región central y del altiplano mexicano. En esas aguas proliferó una amplia fauna acuática, que sirvió para la alimentación de los pueblos indígenas prehispánicos. En la frontera de la tierra y el agua sobresalieron las ranas, que los indios comieron de muchas formas diferentes, antes de que, como sucede ahora, esos batracios fueran delicioso platillo de gourmets.

Las ancas son las únicas partes comestibles de las ranas. Para prepararlas, los indios quitaban las uñas a las ancas y las ponían a remojar para que estuvieran suaves, echando en el agua las especias y un chile abierto. Luego escurrían las ancas y las adobaban con una preparación de aceite de chía, jugo de jícama, sal y pimienta molida de la tierra. Una vez bien empapadas las ancas con ese adobo, las secaban muy bien y luego las freían, en abundante aceite de chía, de esta forma quedaban listas para comerse con rodajas de jícama.

Sahagún dice que los antiguos indios prehispánicos comían "otra manera de cazuela de ranas, con chile verde, otra de aquellos peces que se llaman *axolotl* (ajolotes) con chile amarillo. Comían también una manera de renacuajos con *chiltecpil*". Sahagún se equivocaba en definir tales manjares, porque los ajolotes son las mismas ranas recién nacidas y no peces de lago, y los renacuajos son esos ajolotes ya creciditos, con patas y colas rudimentarias.

Otra receta para preparar las *ranas en salsa* es la siguiente: quitaban los indios la piel a seis ranas y las fraccionaban en cuatro partes cada una, las lavaban con agua fresca y las sazonaban con sal. En una cazuela aparte ponían un poco de aceite de chía al fuego suave y desmenuzaban ahí una cebolla finamente picada y perejil. Durante 20 minutos revolvían la salsa con una cuchara de madera y cuando estaba ya lista le añadían los trozos de rana, dejándolos cocer siempre a fuego lento durante otros quince minutos. Servían el platillo en una cazuela grande, o fuente, previamente calentada al pasarla por agua hirviendo. Los indios creían que las ranas y los renacuajos, sobre todo los ajolotes, poseían virtudes estimulantes y un poco afrodisiacas.

El caracol es un molusco gastrópodo, es decir, que se arrastra sobre sus incipientes pies, encerrado en una concha dura. Sólo saca de ella parte del cuerpo, la cabeza y los cuernos o antenas, en donde tiene los ojos. Hay grandes caracoles de mar, de lagos y otros de tierra. Éstos abundan en los jardines y bosques, y son los que, estando más a mano, fueron aprovechados por los indios prehispánicos para comerlos. Los seis meses de otoño e invierno los caracoles invernan, es decir, se meten a cuevas y oquedades y se duermen. Luego despiertan con la primavera y salen a buscar alimentos en las hierbas que los rodean. Después se aparean y las hembras ponen un centenar de huevecillos en un hoyo que cavan en la tierra suelta: son blancos y del tamaño de los chícharos.

Los antiguos indios comían los caracoles preparándolos o tomándolos crudos, aderezados con vinagre y hierbas de olor. Para prepararlos los lavaban muy bien en agua tibia, los cocinaban durante varios minutos y, una vez fuera de sus conchas, los servían espolvoreados con perejil finamente picado y una salsa escabeche de cebolla frita en cazuela, picada y mezclada con jugo de jícama y trocitos de la fruta. El caracol debe hervirse sólo unos minutos, pues la cocción prolongada endurece su carne. También se pueden preparar en cebiche, que los antiguos indígenas preparaban así: cogían los caracoles desnudos, fuera de sus conchas, cocinados por unos minutos en agua caliente; los mezclaban con trozos de pescado crudo o charales y los cebaban o aliñaban con aceite, vinagre y otros condimentos. Los españoles vieron preparar este platillo y lo llamaron cebiche y lograron que el mundo encontrara en él un delicioso plato internacional.

Fray Bernardino cuenta que los indios prehispánicos "comían otra cazuela hecha con ciruelas no maduras y unos pececillos blanquecinos, con chile amarillo y tomates". Las ciruelas no maduras eran capulines verdes, y los pececillos los charales de las aguas del lago, que todavía se venden cocidos y en hojas de maíz, como tamales. Se asan sobre brasas de leña y también se secan y otros los comen guisados. Esos *tamales de charales* los preparaban los indios así: en una olla se ponen bastantes charales frescos y se mezclan bien con una salsa roja de chilaca y se les añade sal. Se colocan regulares porciones de la mezcla en hojas de maíz secas, y se colocan para asarlos sobre un comal. La hoja se deja quemar o tostar para que el contenido alcance total cocimiento. Los charales blancos del lago de Texcoco se deshidratan con facilidad, por lo que pueden secarse rápidamente al sol, y almacenarse por mucho tiempo, hasta por ocho meses. Así los guardaban los antiguos indígenas para proveerse de ese alimento en lugares lejanos del lago, y en sus excursiones a otras regiones.

La temporada de pesca de los charales era generalmente de febrero a mayo con redes muy finas, y los indios comerciaban con el pececillo vendiéndolo fresco, seco, salado, tatemado en las hojas de maíz y enchilado. Aunque el pececillo tiene espinas, éstas son perfectamente comestibles y aportan calcio. Su sabor suave y la calidad de su nutritiva carne lo caracterizan como un pescadito de alto valor. Cuando están secos, basta colocarlos sobre una parrilla fina o sartén caliente y, moviéndolos sin cesar, dejar que se doren. Se sirven en tacos con salsa mexicana o guacamole. Cuando son de tamaño más grande los venden fritos, como boquerones. Las *tortas de charales en salsa verde* constituyen un platillo tradicional.

Ésta es una receta que los antiguos también preparaban:

Charales con nopales. Los indios tomaban medio kilogramo de charales frescos o 250 gramos de charales secos y los lavaban muy bien. Molían en el molcajete seis tomates verdes, o tomatillos, con una cebolla chica y agua. Ponían a fuego alto una cazuela con aceite y vaciaban ahí la salsa de tomate. Agregaban cuatro nopales limpios, cortados en rajas y cocidos, los charales ya lavados y tres chiles verdes serranos. Dejaban que la preparación soltara un hervor y agregaban cinco o seis tazas de agua. Dejaban hervir el caldo, al que ponían sal y cilantro picado, y al final servían todo caliente.

Del mar recibían los indios del altiplano central muchos de sus productos, que eran transportados por los comerciantes de ruta. Entre los animales de mar que llegaban a Tenochtitlan estaba la tortuga marina y sus huevos, el camarón café, los ostiones y los peces carpas. Los huevos de caguama eran muy estimados, porque ya entonces se había difundido la creencia, al parecer falsa, de que tenían poderes reconstituyentes y afrodisiacos. Probablemente ya existía el consejo que ahora se da en fondas y cantinas: *coma huevos de caguama, para que no haga el ridículo en la cama.* En la cocina indígena prehispánica ya se conocía la *sopa de tortuga,* que preparaban así: en una olla de barro cocían un kilogramo de carne de tortuga en agua con sal. En una cazuela de barro calentaban aceite de chía y freían ahí trozos de cebolla picada. Cuando se doraba, la sacaban y molían con jitomate asado, sin piel ni semillas, y en el mismo aceite ponían la molienda y la dejaban freír un rato. Agregaban el agua en que habían cocido la tortuga, la carne deshebrada y, cuando soltaba el hervor, se le agregaban trocitos de jícama y capulines no muy maduros.

El camarón café tiene un color pardo o café, con el extremo posterior de la cola azulado. La coloración varía notoriamente y algunas veces tiene además matices naranja o amarillentos, aun rojizo verdoso. El colorido se aprecia, especialmente, mientras los camarones están vivos, pues muertos ya adquieren todos el conocido color rojo pálido que los distingue. Los camarones adultos son muy activos durante la noche, y en el día se entierran en la arena. Se encuentran desde la línea de la costa hasta profundidades de casi cien metros en los cercanos lodazales y lodos arenosos que están mezclados con fragmentos de conchas. Los camarones jóvenes se encuentran en esteros de fondos turbios y con fragmentos de conchas.

El arte de cocer correctamente los camarones consiste en poner a hervir agua con un trozo de cebolla y una rama de cilantro; si son salados, no se agrega sal. El consabido coctel de camarones no lo conocieron, desde luego, los indígenas prehispánicos, pero sí comían los camarones aderezados con sus vegetales, como esta *ensalada de camarones*: se pone un cuarto de kilogramo de camarones cocidos y limpios en las jícaras o vasijas en las que se van a comer. Se agrega el aderezo, que consiste en moler un jitomate grande, con un aguacate y una cebolla mediana. Se le añade sal al gusto y se revuelve todo, para comerlo.

Naturalmente que, para el paladar de los indios, era necesario agregar a su coctel de camarones el chile verde picado. Sahagún así lo decía: "Comían también una cazuela de unas langostas, que es muy sabrosa comida, y también otra *cazuela de camarones*, hecha con *chictepil* y tomates y algunas pepitas de calabaza molidas".

Al camarón café hay que agregar los otros crustáceos y moluscos que también comían los antiguos indígenas prehispánicos: camarón chico y gigante, cangrejo moro y jaiba, langosta y langostinos, ostión, abulón y almejas, calamares y pulpos. De los peces abundaban en los mares opuestos, pero especialmente en el golfo de México: anchoeta, atún, albacora, aguja, anguila, barrilete, barbo, bonito, bobo, bagre, barracuda, corvina, cazón, candil, cabrilla, congrio, corel, cherna, dorado, gallo, garrubata, huachinango, jurel, jorobado, juiles, lenguado, lisa, macarela, mojarra, pámpano, peje, pargo, pez espada, pez gallo, rubio, raya, róbalo, roncador, sierra, salmonete, sorgo, sábalo, sardina, salmón, tambor, tiburón, trucha de mar, totoaba. En las aguas dulces abundaba la carpa herbívora.

La *sopa de carpa con huevas* se preparaba así: se limpia y escama un kilogramo de carpas enteras y se les quitan las vísceras. Se aparta la hueva o lechecilla que tengan, se separan los costados de las carpas y se cortan en cuadritos o trozos, se les pone sal y pimiento verde y se mezclan con la mitad de un tomate molido. Esta preparación se coloca sobre agua fría mientras se hace la sopa. Para preparar ésta se pone en una olla grande aceite de chía en la que se haya frito una cebolla picada. Se añade chile morrón y jitomate rojo picados. Se deja freír la preparación unos minutos y se le añade un litro de agua. Cuando suelte el primer hervor se incluye lo que quedó de las carpas: cabezas, colas y huesos. Se deja hervir la preparación durante 15 o 20 minutos y luego se cuela. Se pone el líquido colado en fuego lento o suave y se le incorporan cuadritos o trocitos de pescado ya preparados y la lechecilla o hueva. Se sazona con sal y pimienta de la tierra. Se deja hervir la preparación durante 15 o 20 minutos a fuego alto y se agrega agua si llegara a faltar. Antes de servir se añaden las rebanadas de chile morrón y tres chiles anchos, enteros, asados y desvenados, y se sirve caliente.

El *bagre entomatado* se prepara así: se ponen a hervir dos litros de agua en una olla grande con sal y epazote. Se incorporan dos bagres enteros, limpios (kilogramo y medio aproximadamente) y se deja hervir durante 10 o 15 minutos. Después se retira el pescado y se deja enfriar. Mientras, se prepara la salsa moliendo en el molcajete un kilogramo de tomate rojo, una rama de perejil y un chile habanero. Se pone medio vaso de aceite de chía en una cazuela grande y se acitrona una cebolla picada, a fuego bajo, de 5 a 10 minutos aproximadamente. Se vierte la salsa de tomate rojo y se tapa. Se deja cocer a fuego bajo durante algunos minutos. Se quita la piel al bagre y se desmenuza la carne, cuidando que no queden espinas. Se incorpora el pescado desmenuzado a la olla y se deja cocer la preparación por 15 minutos, estando tapada la olla, a fuego lento.

La *sopa de pescado*, por su sencillez al prepararla y su alto valor alimenticio, fue siempre preferida por los pueblos antiguos de la cultura indígena prehispánica. Consideraban, no sin razón, que no hay comida completa sin una sopa, y ésta es tan versátil que puede ser caliente o fría. En una sopa pueden incluirse muchos elementos, y así la misma puede ser una comida completa. La sopa de pescado fue, para las clases pobres de los indios, su salvación alimenticia, ya que en ocasiones ése era el único alimento que ingerían al día.

Los pescados y mariscos son ideales para lograr una comida de un solo plato. Con ellos se enriquece todo menú cotidiano. Cualquier clase de pescado puede dar una buena sopa. Lo importante es la combinación de elementos y sobre todo que se tenga cuidado de no dejar ninguna espina o escama en la sopa. Ésta debe comerse con tranquilidad y seguridad. En toda sopa se aprovechan la cabeza y el espinazo del pescado, que es lo más sabroso y nutritivo del mismo. Con esos restos se prepara un *concentrado de pescado*, que puede ser la base de muchas sopas, guisados distintos y otras salsas. El concentrado de pescado es un caldo sazonado, reducido a fuego alto, durante un determinado tiempo. Se puede utilizar también para hervir nuevos pescados y mariscos. La preparación se hace colocando en una olla grande medio kilogramo de sobras de pescado (cabeza, piel, espinazo, cola, etcétera) en un litro y medio de agua con dos cebollas medianas, hierbas de olor, sal y pimiento morrón o chile al gusto, más un vaso o más de pulque. Se hierve a fuego vivo y se va espumando según se necesite. Luego se prosigue a fuego lento la cocción, durante una hora. El líquido restante se cuela y se guarda en un lugar fresco si no se consume de inmediato.

Otra receta que preparaban los antiguos son los *calamares rellenos*. Se limpian los calamares sacando la tinta y guardando las patas picadas. Se cuece medio kilogramo de filete de róbalo picado o molido. Se prepara aparte una salsa friendo media cebolla picada, dos jitomates rojos y machacados, dos tortillas fritas y desmenuzadas, un ramito de hierbas de olor y un jarro de pulque. Ya frito todo esto, se le agrega el caldo en que se coció el pescado y se deja hervir, cuidando que no se reseque. Se hace una pasta con el róbalo, las patas del calamar picadas o molidas y la salsa preparada. Se rellenan con ello los calamares y se deja que se cuezan sin que se reseque demasiado la salsa. Se añade un poco de caldo si es necesario. Después se retiran los calamares, acomodándolos en un recipiente. Se licua la salsa sobrante con la tinta de los calamares y se cubren éstos con ella. Se agrega sal y pimienta de la tierra al gusto y se sirve caliente.

Guajolote, mole y miel

El principal ingrediente del *mole poblano* con chile es el guajolote o pavo, ave de blanca y sabrosa carne y de gran tamaño. Su primer encuentro con las gentes del Viejo Mundo se efectuó en 1517, cuando el explorador español Francisco Hernández de Córdoba llegó a la costa septentrional de Yucatán, en donde vio un número pródigo de esas gallináceas. Fueron semejantes a los que años más tarde encontró Juan de Grijalva en otra región, más al oriente de ahí, y los que luego vio Hernán Cortés al desembarcar en Veracruz. En una de sus cartas de relación al emperador Carlos V, le refiere que millares de esas grandes aves se criaban en los amplios jardines del suntuoso palacio de Moctezuma.

La primera descripción del pavo fue hecha por Oviedo en 1537, en su *Sumario de la historia natural de las indias*, y más o menos en esa época se introdujo el guajolote a Europa, en donde se aclimató perfectamente. En Francia aparece como ave de corral durante el reinado de Francisco I. El mismo rey lo comía delante de sus súbditos, a quienes ofrecía trozos del ave para que los probasen y comprobaran su sabrosura. Como a todos gustaba, el pavo se popularizó bien pronto, pero todavía en 1557 era muy raro y bastante caro en Europa, al grado de que el Consejo de Venecia decretó en cuáles mesas podría servirse ese dispendio.

Los españoles llamaron pavo al *huexolotl* de los indígenas, por su semejanza con el pavón europeo, ave grande de la familia de las gallináceas. Los ingleses lo llamaron *turkey* por razón semejante que llamaron *trigo turco* al maíz: ambos les parecían tan lejanos y orientales que eran turcos. En esa época todo lo raro era exótico y se creía que provendría de Turquía, sitio por donde llegaban las cosas asiáticas. En otros países llamaron al guajolote mexicano *gallo de indias* y *pollo de Calicut*. En México, en la vieja Tenochtitlan, el guajolote no era ya, a la llegada de los españoles, un ave salvaje o silvestre, como lo fue antes, pues estaba domesticada. Se criaba y cuidaba en los patios y jardines de los *calpullis*, o barrios, y era materia de un comercio intenso.

Según las regiones del país mexicano en donde el guajolote prosperaba se le llamó de varios nombres; pípila, cócono, *chumpipe*. Francia fue el segundo país europeo que se aficionó al guajolote, después de España. El Rey Sol (Luis XIV, quien reinó de 1643 a 1715), lo pedía como uno de sus platillos predilectos. Pero cuando realmente el pavo mexicano se puso en boga fue en la época de Luis XVI, antes de la caída del imperio y de la guerra de independencia de Estados Unidos. Entonces todo lo de América estaba de moda en el mundo. En Gran Bretaña el guajolote desplazó al ganso asado. Ya en el siglo XVIII John Gay lo había ensalzado en uno de sus poemas y Dickens lo popularizó en su *Cuento de Navidad*. El pavo mexicano se había escogido en Europa como platillo fuerte de Navidad en lugar del cordero, por la suavidad y sabrosura de su carne, la gran facilidad para cocinarlo y su misma carestía, ya que lo exótico y caro era el mejor regalo para todos.

En varias regiones de España las amas de casa seleccionaban al pavo de Navidad entre los animales más tiernos, grandes y jugosos. Lo alimentaban, meses antes de su sacrificio con nueces, almendras, pasas y frutas para que adquiriera un mejor sabor. La costumbre pasó a casi todo el mundo, y los pavos de Navidad son cebados aún con vino y dulces. En México, país de origen del pavo o guajolote, la mejor manera de comerlo, en Navidad y en casi todas las festividades, es el *mole de guajolote*, platillo en el que se conjuntan la sabrosa ave y el condumio de chiles y otros ingredientes. El mole se conocía ya en tiempo de los indígenas prehispánicos. *Molli* o *mulli* significaba simplemente "salsa o condimento", y consistía en una salsa espesa, confeccionada con chiles, tomates rojos, pepitas de calabaza molidas, masa de maíz y otros ingredientes. En esa salsa se bañaban y cocinaban piezas de guajolotes y otras aves, y aun de otros animales.

Con el paso del tiempo fueron inventándose y conociéndose como otros platillos prehispánicos, que llevaron nombres ahora en desuso: angaripolas, pebre o pebrada, chanfaina, salmorejos, jigotes, venason, los clemoles, caldillo autóctono de chile con jitomate, para aderezar las carnes y legumbres al estilo indio. El pepián o pipián tomó su nombre al confeccionarse con pepitas de calabaza, semillas almendradas y granos para espesar o aderezar otros caldos y condumios.

El *mole poblano* representa ahora la cumbre de los moles, y se elabora con carne de guajolote en una espesa salsa que es la combinación perfecta de chiles ancho, mulato, pasilla y chipotle tostados; chocolate, canela, clavo, pimientas gruesa y delgada y una tortilla tostada y molida, todo condimentado a fuego lento con manteca, ajo, sal, tomate, ajonjolí, almendras, y pizcas de anís, comino, cilantro, y ajonjolí, que se espolvorean sobre la vianda al momento de comerla. Pero, como antes vimos, ya los antiguos indígenas comían su mole, y el poblano es sólo una versión más moderna y rica (barroca, dicen algunos), del sencillo mole indio.

Puebla y Oaxaca constituyen la región de los moles, hechos a base de chiles. Entre ellos destacan:

Doña Petronila. Lleva guisada la carne con epazote y pan remojado.
Nana Chepa. De costillas de cerdo con chipotle.
De olla o *coloradito*. De pecho de res.
Amarillo. Hecho con chicuale y hoja santa o acuyo.
Negro. Requemado, aderezado con chiles negro y ancho.
Clemole. Se desvena y se tuesta madia cuarta de arroba de chile pasilla, se le añade media libra de cacao colorado y otra media de almendras, ambas tostadas, y media onza de canela. Se muele el chile con los jitomates asados y pelados, y enseguida el cacao, la canela y las almendras. Todo esto se fríe en manteca y se deslíe en agua caliente, sin que se corte. Luego se fríe con la carne, jamón y chorizos. Se sazona con sal y un terrón de azúcar y se sirve.
Manchamanteles. Se desvena un chile ancho y se tuesta. Se pone en remojo y se muele con ajos, cominos y jitomates. Se medio fríe esto en poca manteca o aceite y se le agregan cebollas cocidas, piña, plátano largo, camote, durazno en tajadas, cacahuates, orégano y chícharos cocidos. Se parte en trozos la gallina, el pato o el guajolote. Después de cocida el ave, o la carne de puerco, se le pone sal al gusto y un terrón de azúcar. Para servir este mole, se le agregan aceitunas y tornachiles.

Pepián. Se prepara tostando ajonjolí, que se muele. Se remoja un chile ancho en agua y se muele aparte un poco de tomillo, unos bizcochos tostados, ajos, especias, las semillas del chile, más unas pepitas de calabaza, y todo se incorpora bien, advirtiendo que dichas pepitas se han de tostar antes y de moler con su cáscara, en cantidad de un plato de ellas. Se deslíe en caldo el chile dorado en manteca y se sazona con sal. Cuando el caldo se espesa, se añade la carne previamente cocida y rebanada con su caldo, moviendo el conjunto en una sola dirección.

De los moles mexicas, Sahagún refiere que los indígenas prehispánicos "comían también maneras de potajes de chiles: una manera hecha de chiles amarillo, otra manera de *chilmolli* (mole), hecho de *chiltepil* y tomates; otra manera de *chilmolli*, hecha de chile amarillo y tomates".

El mole de olla se come todavía en gran parte de las regiones campesinas del país y se prepara así: se cuecen 750 gramos de carne de res (pulpa o retazo) con un diente de ajo, un cuarto de cebolla cabezona, un elote limpio y rebanado y cuatro cucharadas de consomé de pollo en polvo. Se agregan a los dos litros de agua del cocimiento 150 gramos de ejotes y se deja hervir todo durante cinco minutos. Se añaden tres chiles pasilla limpios, seis calabacitas limpias y cortadas en trozos, tres zanahorias peladas y partidas, dos chayotes pequeños, partidos en cuatro partes, y una ramita de epazote. Se deja hervir hasta que se cuezan bien las verduras y la carne, y se sirve acompañando el platillo con limón y cebolla picada.

Otra receta de *mole de olla* dispone que se tuesten 100 gramos de chile ancho y se pongan a remojar en media taza de vinagre, sazonándolo después con tres dientes de ajo y una cebolla picada. En otra olla se calientan 50 gramos de grasa, manteca o aceite, y en ella se doran 500 gramos de carne de cuete, 250 de chamorro de cerdo y 250 de chambarete. Se agrega la salsa hecha, con cuatro elotes y cuatro calabacitas rebanadas, dos xoconostles, una rama de epazote y sal al gusto. Se cocina todo durante una hora. Se deja enfriar la olla lentamente y se sirve el mole con cebolla cruda picada finamente y cilantro también picado.

El *salpimentado de pavo silvestre,* platillo muy elaborado y de muchos ingredientes, se prepara aún como los indios lo hacían. Se hace una sopa poniendo a freír en aceite de chía 24 tortillas, cortadas en cuadros. Antes de que se doren se retiran y en el mismo aceite se fríe una cebolla picada, medio kilogramo de jitomates cortados y dos chiles dulces asados y picados. Cuando empieza a espesar se agregan las tortillas fritas, sal y una taza de caldo del pavo, que se cuece aparte. Al quitar la sopa del fuego, se le espolvorea de pimienta de la tierra y se tapa el recipiente para que esponjen un poco las tortillas. Aparte, en otra olla y en cinco litros de agua hirviendo, se pone el pavo bien limpio y cortado en piezas y trozos regulares, dejándose hervir durante una hora. Se le agrega luego una cebolla asada, dos camotes, cuatro elotes, seis calabacitas, dos chayotes, dos jícamas, medio kilogramo de papas peladas, todo partido en trozos, más una rama de perejil molido y un vaso de pulque. Se sazona con sal y se deja hervir hasta que todo esté muy bien cocido. Entonces se añade una rebanada de lima con todo y cáscara. Se retira del fuego y se sirve con la sopa, poniéndole rebanadas de lima y tres chiles habaneros, asados enteros.

Dicen los expertos que entre los tres animales domésticos del México antiguo figura, junto con el perro y el guajolote, la abeja. Ésta se diferencia notablemente de la europea, actualmente explotada. Pertenece a un género diferente llamado *Melipona.* Sus costumbres y la arquitectura de sus panales son fundamentalmente distintas a las de las abejas criollas, importadas por los españoles. De tamaño inferior a la mitad de éstas, las *Meliponas* eran cultivadas por los antiguos mexicanos cerca de sus moradas, en cajones de madera o de paja. En tanto que los panales de las abejas europeas están edificados en sentido vertical, de arriba hacia abajo, las meliponas construyen los suyos en sentido horizontal.

Las abejas europeas tienen un único tipo de construcción para alojar a las crías, el néctar, la miel y el polen, y sólo las células para las reinas tienen una forma especial, abellotada. En cambio, las abejas indígenas tienen recipientes de forma distinta para la miel y para las crías. Por lo que, hasta la introducción de extractores centrífugos para sacar la miel de los panales de abejas europeas, la miel de las *Meliponas*, completamente separada de las crías y más pura, tenía aquí mejor mercado.

Pasada la época de la cría, las *Meliponas* destruyen los nidos que las albergaron. Su aguijón es tan reducido que algunos autores las consideraron desarmadas. La mejor defensa que tienen es su pequeñez; cada noche cierran con cera la entrada del panal para impedir el acceso de sus enemigos. Las reinas toleran en la colmena algunas jóvenes hembras vírgenes, procreadoras de los zánganos. Cuando la vieja reina sucumbe y la colmena queda huérfana de mando, una de esas jóvenes ejecuta el vuelo nupcial y ocupa inmediatamente el alto puesto.

Como el perro y el guajolote, la abeja tenía en el México antiguo gran importancia magicorreligiosa. En un rito descrito en el *Chilam Balam* de Chumayel, y que se refiere a las cuatro direcciones del mundo, se lee lo siguiente: "El pedernal rojo es la piedra del *Ah Mucen Cab* rojo (el cargador del cielo que actuaba también como dios-abeja)". *Ah Mucen Cab* significa literalmente "el que guarda la miel". Como el sapo y la rana, la abeja pertenecía ritualmente al culto agrícola. La abeja era muy apreciada en el México prehispánico, no sólo por su miel, sino también por su cera. Todavía se cree en Yucatán que la cera negra de la abeja silvestre tiene mayor eficacia como ofrenda, en forma de vela, que la blanca comercial.

En náhuatl el nombre de la abeja es *pipiolli*. Se conocen lugares que toman su nombre del insecto melífero, como Pipioltepec (cerro de las Abejas) en el Estado de México, y Pipiolcomic, donde los aztecas vivieron tres años durante su peregrinación. En Guerrero y Michoacán la *Melipona* se llama *guaricha* y su cera negra alazana. Los antiguos indígenas mexicanos llamaban a los panales *necucomitl*, u olla de miel. Se referían sobre todo a la miel silvestre, que recogían de los árboles y la llamaban *cuauhnecuhtli* o miel de árbol. Había otra miel, elaborada por los abejones, llamados *xicotl* (jicotes en el español de época), que son una especie de bambús. Esta miel era almacenada por los insectos en las paredes de las casas o en el suelo blando. Era usada para alimento, medicina y también mezclada al pulque para avivar su fermentación y hacerlo más embriagante. Estos abejones elaboraban una miel muy dulce, pero su picadura era muy dolorosa.

Había otras mieles que usaban los antiguos indígenas prehispánicos: una que obtenían por ebullición del aguamiel del maguey al aire libre hasta hacer que se evaporara toda el agua y quedara el elemento sacaroso formando una pasta. Esta miel era llamada *necutli* o *chancaca*. Se usaba en la alimentación, a veces mezclada a los alimentos, como al maíz en los tamales llamados *necatamalli* o *necatamal*. Principalmente se empleaba como medicamento, como base de aplicación de otras sustancias, tanto vegetales como minerales, y para enfermedades del aparato digestivo y del respiratorio. También usaban esa miel para *enmollecer las heridas*. Alguna vez se mezclaba al cacao preparado para beber o al pulque.

También conocieron los antiguos la miel de avispa, una abeja especial de la región. Las avispas eran guardadas en troncos de árbol ahuecados y parece que también en artefactos de cerámica. Esta miel se usaba como alimento, como medicina y para preparar la bebida sagrada llamada *balche*.

Los productos vegetales

Entre los productos vegetales que figuraron en la alimentación de los antiguos indígenas prehispánicos (muchos de los cuales aparecen aún en la cocina mexicana), se cuentan los siguientes: acuyo o hierba santa, condimento; aguacate, fruto como pera grande, de pulpa cremosa; ananás o piña americana; anona, fruto del tamaño de una manzana, cubierta de escamas, carnosa y dulce; ayocote, de la familia del frijol, pero de mayor tamaño; *ayosoxiquelite* o flor de calabaza; *cacahuazintle*, mazorca de maíz en forma de piña, cuyos granos se emplean para hacer el pozole; cacahuate o maní, fruto leguminoso, comestible y oleaginoso; cacao, fruto de un árbol malváceo, de propiedades grasas muy nutritivas; calabaza, cucurbitácea de frutos muy grandes, de abundante pulpa comestible, y semillas, las pepitas, también alimenticias; camote, especie de bulbo o papa dulce; capulín, frutilla parecida a una cereza de color negro; coco, palmera tropical de fruto grande, empleado en bebidas dulces; cuajilote y cuapinole, hierbas; chayote,

fruto semejante a una pera, muy estimado; chilacayote, calabaza de cuya pulpa se obtiene dulce; chile o ají, pimiento picante,
condimento; chinchayote, raíz del chayote, de fécula comestible;
chirimoya, fruta en forma de piña, como pera, de pulpa dulce
y perfumada; chepicha o pipicha, planta aromática, condimento;
ejote, *exotl*: vaina tierna del frijol; elote, *xilotl*, mazorca del maíz
tierno; epazote o té de México, planta aromática, condimento;
frijol, una variante indígena, alimento primario; guacamote, especie de camote; guaje, sus semillas son alimenticias; guayaba,
como pera dulce; garambuyo, silvestre, de semillas comestibles;
guamúchiles, silvestre, comestible; guanábana, de pulpa dulce
y perfumada; huachacote, hierba comestible; hongos de diversas clases; huauzontle, variedad de quelite; se comen sus flores
y semillas; huitlacoche, hongo comestible del maíz; jaltomate,
variedad de tomate; jitomate, tomate rojo; jícama, tubérculo leguminoso comestible; maguey, agave comestible en su cogollo,
productor del pulque; maíz, la principal gramínea de la cocina
indígena; mango, fruto oval, de pulpa dulce y rezumante; mamey,
fruto oval, de pulpa da el pan mezquitamal; miltomate, especie
de tomate; nanche, frutilla muy dulce y aromática; nopal, cactácea de grandes hojas gruesas, comestibles, y frutos dulces: tunas;
papa o patata, tubérculo redondeado, muy usual; papaya, especie
de melón de pulpa abundante, acuosa y dulce; piñones, frutilla de
la encina; quelite, hierba comestible; quintoniles, hierba comestible; tomate, fruto solanáceo, muy común; tomatillo, tomate verde;
tejocote, frutilla de árbol, ácida; tuna, fruto del nopal, eminentemente dulce; pitahaya, árbol del desierto, con fruto dulce, semejante a la tuna; vainilla, vaina olorosa, condimento; xoconostle,
condimento; *xonacatl*, especie de cebolla; *xoxoxochitl*, especie de
pimienta de Tabasco; yuca o mandioca, arbusto silvestre, que da

la mandioca; zapote, fruto aovado, dulce y perfumado, de colores, blanco, amarillo y negro. La variedad pequeña se llaman chico-zapote.

Con variedad de productos hacían los indígenas prehispánicos una *sopa de verduras*, que preparaban así: ponían en una cazuela, y en aceite de chía caliente, a freír cebollas o *xonacatl*, tres pimientos o chiles verdes asados, pelados, limpios de tallos y semillas, lavados y divididos en rajitas finas. Unos minutos después agregaban cuatro jitomates medianos, pelados y también picados, una rama de perejil, otra de quelite y otra de xoconostle; tapaban la olla y dejaban cocinar su contenido a fuego lento durante 15 o 20 minutos. Le añadían luego un caldo hirviendo con sal y pimienta de la tierra o *xoxoxochitl*, y cocían todo de 30 a 40 minutos. Servían esta sopa bien caliente.

El aguacate y el tomate fueron siempre los dos productos vegetales que acompañaron al chile en los diversos platillos elaborados por los indígenas prehispánicos, y después por los mestizos mexicanos. Los tres fueron también algunos de los productos vegetales que conquistaron al mundo y conservaron sus nombres indígenas en general: *avocado, tomato* y *chili* en inglés (*ahuacatl, tomatl, chilli*). El aguacate es tan rico que ha sido llamado *mantequilla de árbol*. Su nombre deriva de su forma de teste humana, *ahuacatl* en nahua.

El fruto es de un árbol lauráceo de igual nombre, de gran frondosidad y verdor. Se asemeja a una pera grande, de corteza verde rojiza, brillante, que con el tiempo se vuelve negra, como se oxida también la pulpa verde al exponerla al aire. La carne, verde amarillenta y abundante, tiene un gran hueso en el centro. De su pulpa molida con cebolla y jitomate se obtiene la salsa llamada *guacamole*, muy estimada para comerla en tortillas solas, calientes, o para aderezar otros alimentos, especialmente carnes. Existe una variedad de frutos de mayor tamaño, no tan fino, de corteza más dura y que llaman *pagua*.

En 1871, un árbol de aguacate fue llevado desde Atlixco, Puebla, a los estados norteamericanos de California y Colorado, en donde se aclimató muy bien y se propagó. En 1938, cosecheros de aguacates de California visitaron Atlixco, llevando un nuevo árbol de clase superior, mejorada, que obsequiaron al pueblo para corresponder al envío anterior. Estimaron como un regalo magnífico el árbol que les fuera enviado de Atlixco, 60 años atrás, y una placa alusiva que colocaron en la plaza principal del pueblo poblano, recuerda ese suceso.

Una receta atlixquense de *aguacates rellenos de picadillo* es la siguiente: se prepara un picadillo de lomo de cerdo o de pollo con especias de todas clases: jitomate, alcaparras, perejil, cilantro y la sal necesaria. Se dividen los aguacates mondados en dos partes, a lo largo. Se rellenan con el preparado anterior y se cubren con huevo batido. Se fríen y ponen después en caldillo o salsa de jitomate, dándoles un hervor para que penetre la salsa.

Los atlixquenses tienen también esta receta del guacamole. Se corta carne de puerco en pedazos regulares, de preferencia de costilla, con todo y lomo. Se fríe como para carnitas y cuando se ha hecho sancocho se prepara y cuela muy bien. Previamente se habrá molido bastante tomate, semilla de guaje chico y mucho cilantro. Esta salsa se condimenta con sal y chiles verdes al gusto. Con parte de la manteca conque se frió la carne se le da una sazonada a la salsa hasta que espesa un poco. Se añaden la carne y caldo, volviéndose a hervir, hasta que esté bien cocida y la salsa espesa. El punto es el mismo del mole verde.

El tomate (*tomatl* en nahua) ha sido llamado en el centro de México jitomate o tomate de color, para distinguirlo del llamado simplemente tomate o tomatillo, de menor tamaño, y que es de color verde. El tomate rojo es el que conquistó al mundo, con su nombre indígena y español: *tomato* en inglés; *pomme d'amour* "manzana de amor" en francés; *pomodoro* "manzana de oro" en italiano; *Paradeisapfel* "manzana del paraíso" en alemán. En Europa se consideró siempre al tomate indígena mexicano como fruto afrodisiaco, es por ello que los franceses lo llamaron *manzana de amor* y los alemanes *manzana del paraíso.* Los indígenas antiguos llamaron *tomatl* al tomate chico y verde, y *xitlitomatl* o *xiltomatl* al grande rojo.

El fruto rojo, jugoso, refrescante y aromático conquistó las mesas y cocinas del mundo entero, y llegó a ser un aderezo y condimento indispensable. En Nápoles, al sur de Italia, los *macarroni* y la *pumarola*, (los macarrones y el tomate) son inseparables, como las tortillas y el chile de las enchiladas de México. El tomate comenzó a difundirse en Italia en el siglo xvii. Los alemanes llamaron primeramente al fruto, a semejanza de los franceses, *Liebesapfel*, que significa "manzana de amor". En Estados Unidos lanzaron la moda de beber en las mañanas el jugo de tomate en vez del tradicional jugo de naranja, alabando lo refrescante de esa nueva bebida, eficaz contra el estreñimiento y muy rica en vitaminas.

La voz indígena que designa al tomate, *tomatl,* significa "fruto" y es genérico de los nombres de otros frutos semejantes: jaltomate, miltomate, costomate. Vegetalmente considerado, el tomate es de la clase de otras plantas solanáceas que también conquistaron al mundo: la papa de origen peruano, y el chile y el tabaco, de origen mexicano. La planta es una herbácea anual, con tallos de uno a dos metros de largo, vellosos, recortadas en segmentos desiguales, dentados por los bordes, y flores amarillas en racimos sencillos. El nombre jitomate se descompone en la lengua náhuatl en las voces *xictli*, "ombligo", y *tomatl*, "fruto", o sea, "fruto con ombligo", por la marca que le queda en un extremo al separarlo de su tallo.

El *jugo de tomate* ya lo consumían los antiguos indígenas prehispánicos, preparándolo así: molían en el molcajete un kilogramo (o el equivalente en sus medidas) de jitomates pelados y cortados en trozos grandes, dos zapotes blancos y pelados sin semillas, una rama de epazote y otra de *xoxoxochitl* o pimienta de la tierra. Se le daba a la bebida la consistencia requerida agregando el agua necesaria, y luego se le añadía jugo de piña americana, sal y achiote, si se quería darle un color intenso.

La *crema de jitomate* la preparaban también los indígenas prehispánicos: en un poco de aceite de chía caliente freían tres cebollitas *xonacatl* rebanadas finamente y dos calabacitas tiernas, peladas y partidas en cuadritos. Añadían una cucharada de harina de camote o yuca, moviendo con la cuchara de madera. Pasados unos minutos le agregaban seis jitomates grandes, pelados y picados, miel de maguey o de maíz al gusto, sal y pimienta de la tierra, o *xoxoxochitl,* más hierbas para condimentar como cuajilote, cuapinole y huachacote. En la actualidad esto se deja cocinar a fuego lento, se agrega el caldo necesario y se tapa, para que se cocine de 30 a 40 minutos. Se muele en el molcajete, se cuela a una cazuela, se rectifica de sazón, se añade más caldo si estuviera espesa la crema, y se sirve caliente, con trocitos de tortilla frita y dura.

La cebolla acompaña también al tomate en una gran variedad de guisos y platillos mexicanos y del mundo entero. Planta hortense de la familia Liliácea, tiene un tallo de 60 a 80 centímetros de largo hueco, fusiforme e hinchado hacia la base, lo cual da a esta planta su figura característica. La raíz fibrosa nace de un bulbo esferoidal, blanco o rojizo, formado de capas tiernas y jugosas, de olor fuerte y sabor más o menos picante. El sabor y olor fuerte y aromático se debe a la presencia de sulfuros de alilo, sulfocianatos y otros principios que tienen aplicación en la medicina herbolaria. En la antigüedad fue empleada como desinfectante durante las epidemias y pestes.

En México había, antes de la llegada de los españoles, una especie de cebolla que los indios llamaban *xonacatl* en lengua nahua y *kukut* en la maya. En el mundo hay muchas clases de cebollas: la cebollina, muy estimada como condimento; los puerros, alimento preferido del emperador romano Nerón y muy solicitados en España e Italia; las cebollas galesas, sin bulbos, cuyas hojas se comen también en ensalada en el Oriente, y la ascaluña o chalote, que tiene un sabor más delicado que el de la cebolla común. Solamente los holandeses comen la cebolla cruda y sola, a mordiscos, acompañándola con tragos de leche. Afirman que ésta le quita el fuerte olor que deja. Pero en general la cebolla acompaña a otros vegetales como condimento y accesorio.

Las calabacitas son una especie de cucurbitáceas de fruto comestible, que presenta pelos rígidos, lo cual determina que la planta sea áspera al tacto. Las hojas son generalmente triangulares y con lóbulos muy pronunciados, dentadas y aserradas, de 15 a 30 centímetros de largo gris verdoso, a veces subglobuloso, pero generalmente alargado. La pulpa del fruto es blanca o anaranjada, con semillas elípticas, de dos a dos y medio centímetros de largo, por uno a uno y medio de ancho, con el margen grueso y prominente.

El fruto tierno de esta especie es el que en el mercado indígena antiguo se conoció y comercializó, y en los mercados modernos tiene muy amplia aceptación. Las calabacitas son una de las verduras más populares: fresca se guisa o se come cocida, madura sirve para hacer los dulces de calabazate y calabaza cristalizada. En la cocina mexicana tienen infinidad de usos y modos de prepararse en muy sabrosos y nutritivos platillos, algunos de los cuales fueron conocidos por los indígenas prehispánicos y gustados por ellos.

El más popular de esos platillos es de *calabacitas rellenas*: se cuecen en agua seis calabacitas, a término medio. Se parten a lo largo y se les saca la pulpa. En una cazuela se pone un poco de aceite de chía y se fríen una cucharada sopera de cebolla picada y otra de chepicha, también picada. Se agrega un jitomate mediano, picado, dejando que se fría todo por cinco minutos. Se le incorpora entonces dos jarros de charales desmenuzados, una cucharada de capulines verdes picados, más pimienta *xoxoxochitl* desmenuzada y sal al gusto. Ya que esté sazonada esta preparación, con ella se rellenan las calabacitas, se revuelcan en harina de yuca, y se sofríen rápidamente para que doren.

Otras recetas populares son:

Sopa de calabacitas y elotes. En 30 gramos de aceite de chía se fríen 30 gramos de carne de guajolote, o de venado, cortada en cuadritos. Se agregan tres elotes tiernos, crudos y desgranados, y 400 gramos de calabacitas picadas. Cuando esté todo bien frito se agregan 300 gramos de jitomate asado, molido y colado. Cuando reseque todo, se añaden dos litros de caldo (en el que de antemano se cocieron las carnes) y se sazona con sal y *xoxoxochitl* picada. Se deja hervir a fuego muy suave, y cuando las verduras están bien cocidas, se retira del fuego.

Calabacitas pobres. En una cazuela grande de barro se ponen seis calabacitas tiernas y picadas, seis elotes desgranados, seis chiles poblanos hechos rajas, dos jitomates machacados, dos cebollas picadas, dos cucharadas de aceite de chía, una rama de zapote y la sal necesaria. Se añade un poco de agua y se pone la cazuela a fuego ordinario, tapada, para que todo hierva hasta que las verduras estén cocidas. Este potaje se sirve bien caliente de preferencia.

Calabacitas a la mexicana. Se desgrana una mazorca tierna de maíz *cacahuazintle,* o media mazorca de maíz ordinario, y se pone a cocer a fuego regular en media taza de agua, de 15 a 20 minutos, contando el tiempo desde que se inicia la ebullición. Se lavan 500 gramos de jitomates maduros, se pasan por agua fría, se les quitan la piel y semillas y se pican con 40 gramos de cebolla. En una cazuela se ponen 40 gramos de aceite de chía y se fríe el picadillo hecho. Se agregan después las calabacitas picadas y los granos de elote, sin el agua en que se cocieron; se rocían con sal gruesa y se tapa la cazuela, moviendo el guiso de vez en cuando con una cuchara plana, de madera, para que no se estropee. Cuando empieza a soltar algo de jugo, se le agrega el agua necesaria y se deja sazonar a fuego suave, con la cazuela a medio tapar. Se tuestan dos chiles poblanos, pequeños, se pelan y se lavan y, sin abrirlos ni quitarles el tallo, se ponen sobre las calabacitas. Este platillo debe quedar con muy poca salsa y servirse caliente.

El chayote es una planta trepadora mexicana de la familia de las Cucurbitáceas, como las calabacitas y la calabaza. Escala por medio de zarcillos de tres a cinco ramas, y su fruto es el chayote, palabra nahua que significa "fruto en forma de pera". Este fruto es canoso, ovoide o esférico, de 10 a 20 centímetros de largo, con la cáscara cubierta por lo común de espinas rígidas. Su carne o pulpa es parecida a la del pepino y con una sola pepita muy grande por semilla. Ésta germina aun antes de que se corte el fruto, si las condiciones son adecuadas. Las flores atraen a las abejas y avispas por su néctar melífero, y son ellas las que hacen la polinización.

Se le conoce también con los nombres vernáculos de *apopu* en el tarasco de Michoacán, *tzígua* en el huasteco de San Luis Potosí, *calmishi* en el chontal de Oaxaca, *chayoj* en el nahua de la sierra de Puebla, *ecshná* en el popoluca de Veracruz, *shamú* en el otomí de Hidalgo, *guayau* en el chinanteco de Oaxaca, *huisquil* en el tojolabal de Chiapas, *kajnit* en el totonaca de la sierra de Puebla, *kiispachkum* en el maya de Yucatán, *chayojtli* en el dialecto mexicano de Tetelcingo, Morelos, *nap* en el tzotzil de Chiapas, *ñiuc* en el chol de Chiapas, *xumu'u* en el mazahua del estado de México y *yape* en el zapoteca del istmo de Tehuantepec.

Chinchayote es la raíz del chayote, los tubérculos radiales son de 10 a 30 por mata y se comen hervidos. El nombre es nahua y designa "lo que está debajo de la planta del chayote", o sea, la raíz. El fruto posee una fécula, que se da a los niños en vez del arrurruz. De la planta se comen la raíz, los brotes o quelites y los frutos, que son muy apreciados. El fruto puede conservarse, sin que desmerezca en absoluto, durante tres o cuatro meses.

Chilacayote, del nahua *tzilac ayotli* "calabaza blanca", es la cidra cayote, planta cucurbitácea mexicana, variedad de sandía cuyo fruto es de corteza lisa y verde, con manchas blanquecinas y amarillentas. Su carne es jugosa y blanca, tan fibrosa que, después de cocida, se asemeja a una cabellera enredada, de la cual se hace el dulce llamado cabellos del ángel. La planta tiene propiedades medicinales.

Se pueden preparar, como lo hicieron los indígenas prehispánicos, en un solo platillo, los *chayotes y chilacayotes en pipián verde*: se cuecen en litro y medio de agua dos chayotes grandes y un kilogramo de chilacayotes. En una cazuela puesta al fuego, con dos cucharadas de aceite de chía, se fríen 100 gramos de pasta ya preparada de pipián verde, que se disolverá en una taza de caldo, en donde se habrán cocido 250 gramos de carne de venado o de guajolote. Cuando está bien frito se agregan la carne, chayotes y chilacayotes picados. Se cocina unos minutos y se añade más caldo si el pipián queda espeso. Se sirve caliente.

Otros vegetales

La calabaza

El profesor norteamericano Frederick A. Peterson, después de haber realizado largos estudios de investigación arqueológica en Tehuacán, Puebla, descubrió que algunos restos de la cultura coxcatlán, que abarca de los años 5000 a 2500 a.C., muestran que ésa fue la primera cultura que empleó el maíz domesticado, y que posteriormente añadió el frijol, el amaranto y la calabaza a su alimentación. Esa gente, coleccionista de plantas básicamente, usó también la calabaza domesticada, tal como la conocemos ahora. Su cultura se caracterizó por el uso de utensilios y herramientas elaboradas, no naturales, como hachuelas, raspadores, cuchillos y vasijas o morteros de piedra, todos rudimentarios.

Calabaza es nombre que reciben varias especies de cucurbitáceas de fruto comestible. Originarias de América, los antiguos mexicanos le dieron el nombre de *ayotl* a la que hoy conocemos

como prototipo de la extensa familia. Ayotera era la planta calaba-
cera, y ayotete la especie de calabaza que lleva el nombre propio
de chilacayote. La calabaza es planta anual herbácea, trepadora o
rastrera, con zarcillos ramificados: filamentos que se enrollan en
los objetos sólidos o se adhieren al suelo y las paredes. El fruto es
una modalidad de la baya, de gran tamaño, carnoso, con la pulpa
esponjosa, provista de muchas semillas blancas o amarillentas, de
cáscara más o menos gruesa, lisa o plegada, dura o quebradiza,
verde amarillenta, anaranjada, rojiza, azulosa o jaspeada, con o sin
costillas prominentes.

En la cocina indígena prehispánica, como ahora en la cocina
mexicana mestiza, la calabaza ocupó un lugar distinguido, y se comían sus frutos, semillas, tallos, guías y flores. Las guías tiernas de
las calabazas y calabacitas se comían con los granos tiernos del elote en una salsa preparada con gusanos de maguey y chile chipotle.
Se hacían también caldos ligeros de verdolagas o quelites, huazontles (otra variedad de quelites) y flores de calabaza. Muchos otros
platillos también se elaboraban con las partes de la calabaza, como
los chilacayotes en pipián, con carne de pato de Iztapalapa, chiles
anchos y xoconostles como condimento. El pipián verde, guiso de
abolengo histórico, se preparaba con pepitas de calabaza molidas,
epazote, tomate molido, chiles diversos y carnes al gusto, ya sean
de guajolote, venado, pato, liebre, conejo o armadillo. A menudo se
le agregaban al final semillas de chía o de amaranto.

La *sopa de flor de calabaza* se sigue consumiendo y se prepara
casi igual de como se elaboraba en el México indígena antiguo. En
una cazuela, y en aceite de chía caliente, se sofríen una cebolla picada, dos jitomates pelados y molidos y de 30 a 35 flores de calabaza, lavadas y cortadas gruesas. Se guisan a fuego lento durante 15
a 20 minutos. Se incorpora el agua y se sazona con sal y pimienta

de la tierra. Aparte, con un cuarto de kilogramo de masa de maíz y sal, se hacen unas bolitas que se introducen en la sopa. Ésta se sirve bien caliente cuando las bolitas se han cocido.

El frijol

Fue conocido, cultivado y aprovechado por los antiguos indígenas prehispánicos de México. Llamado en diversas regiones fréjol, alubia, judía, poroto, es planta originaria de México en algunas de sus variedades. Fray Bernardino de Sahagún dijo de los otomíes, al parecer uno de los pueblos indígenas mexicanos menos desarrollados culturalmente y más pobres, que "su comida y mantenimientos eran el maíz, frijoles, chile, sal y tomates". Motolinía, otro cronista, dice en sus memoriales que en los tianguis se vendía maíz "en mazorca y en grano, y cerca otras semillas, así como frijoles". En la *Historia antigua de México,* según Veytia, se ve que los toltecas ya cultivaban el frijol, y en la *Crónica mexicana* del historiador Tezozómoc se asienta que llegando al valle de Anáhuac, en Xaltocan, los mexicanos "sembraron maíz, *huautli,* frijol, calabaza, *chilchotl,* jitomate", y adelante repite que al establecerse en lo que hoy es la ciudad de México, sembraron "chile, tomate, calabaza y frijol". Luego incluye los frijoles en la lista de artículos del tributo que se pagaban a los mexicanos por ocupar aquellas tierras y aguas.

Al sobrevenir la conquista española, el frijol mexicano se había extendido ya por toda América. El historiador inca Garcilazo de la Vega dijo que "tienen los indios del Perú tres o cuatro maneras de frijoles, del talle de las habas, y llámanles purutus". Más tarde, fincada ya la cultura hispana en América, el doctor español Francisco Hernández, doctísimo medico de Felipe II, enviado a la Nueva

España para escribir la *Historia natural de las Indias,* al describir plantas mexicanas menciona al acoyote o frijol indio y a algunos de sus parientes botánicos, como el *cimatl, cicimatic, ticimatl* y *tepecimatl.* En Europa los franceses llamaron *haricot* al frijol mexicano, recordando la palabra *ayocotl* nahua. Del español frijol pasó al catalán como *fasol,* al portugués como *fevao* y al italiano como *fugiulo.* Los ingleses y norteamericanos llamaron *beans* a los frijoles, recordando al insecto *bean weevil* que, como la cochinilla, semeja las semillas o granos del frijol.

En 1576 Francia padeció una enorme escasez de trigo, que produjo una gran hambre en el pueblo. Pero como ese año hubo abundancia de frijoles, fueron comidos por primera vez en varias regiones, salvándose así las personas de padecer de inanición. Con ello se popularizaron los frijoles de origen mexicano, que antes habían sido repudiados, y que ahora la gente había comprobado que eran buenos y capaces de sustentar. Emile Littré dijo que la palabra *haricot* había tomado ciudadanía francesa en el diccionario de esa lengua, desde mediados del siglo xvi, y más tarde Gastón Leclerc expuso en su obra *Las legumbres de Francia* que el término *haricot* derivaba de la voz nahua *ayocotl,* con el cual se designó al frijol indio.

Los ejotes

Son las vainas tiernas del frijol, y como los frijoles maduros, se comen de diversas formas. Una curiosa receta indígena prehispánica habla de una *crema de frijoles con ejotes,* que se preparan así: en aceite de chía se fríe una cucharada de harina de yuca, y antes de que tome color se agregan dos jarros de frijoles cocidos y molidos con su caldo, colados, moviendo con una cuchara de madera, para desbaratar los grumos. Se deja hervir hasta que tome consistencia de crema, y entonces se le añaden sal y pimienta de la tierra y un jarro de ejotes tiernos, cocidos y desmenuzados. Se conserva todo en el fuego unos minutos más y se sirve la crema caliente, acompañada de tortillas de maíz acabadas de cocer.

Los huazontles o quelites

Eran muy apreciados por los pueblos primitivos del México indígena prehispánico. Una receta de su cocina dice cómo los comían generalmente: se eliminan las hojas duras de tres manojos grandes de huazontles y se forman ramitos pequeños, amarrándolos con hilo. Se cuecen en agua con sal, se escurren y se cubren con harina de yuca, pasándolos por huevos de pato o guajolote, batidos con sus yemas y se desgrasan sobre papel o tela. Aparte se hace una salsa moliendo dos jitomates asados con una rama de epazote. Se calientan en una cazuela tres cucharadas de aceite de chía y se acitrona ahí una cebolla fileteada. Se agrega la salsa y agua suficiente para formar un caldillo ligero. Al hervir, se adicionan los huazontles ya fritos. Se hierve todo por unos minutos y se sirve de inmediato.

El nopal

Es una planta arbustiva, rastrera, de la familia de las cactáceas, xerófitas suculentas, con ramas en forma de palas o cilíndricas, que por lo general se vuelven leñosas. Las hojas son carnosas, con espinas fuertes y lisas. Su estructura es el resultado de su adaptación a zonas áridas o desérticas, con mecanismos especializados para el almacenamiento de grandes reservas de agua, cuya evaporación impiden. Las raíces penetran en el suelo para extraer la humedad profunda, y las pencas o tallos tienen forma de raqueta y son verdes y suculentos. Las flores surgen en la parte superior y son vivamente coloridas: amarillas, rojas, rosas, anaranjadas y verdosas y se abren a la salida del sol o a medio día. Las mayores alcanza más de 10 centímetros de diámetro y cuando están abiertas no tienen olor. La fructificación de algunas especies (durante la primavera y después de las lluvias) es muy abundante, y cada planta puede dar en promedio hasta 20 kilogramos de tunas al año.

La tuna o fruto del nopal

Es una baya jugosa o semiseca, de forma globosa, elíptica o piriforme y con espinas o sin ellas. Su pulpa interior es blanca, amarilla o roja y de sabor dulce, a veces ligeramente ácido. Sus semillas son glabras, anguladas con tegumento duro. La variedad originaria de México se encuentra aclimatada en toda América, desde Canadá hasta la Patagonia, y desde el nivel del mar hasta 4 700 metros de altitud. Los antiguos mexicanos, indígenas prehispánicos, conocieron el nopal y lo aprovecharon, incluso para criar en él a la cochinilla, un insecto del cual extraían la grana, uno de los colorantes más apreciados para teñir telas. Más tarde se usó también en perfumería y cosmética. La tuna se torna de color rojo, café y morado al madurar, y con ella se prepara un delicioso dulce que se llama *queso de tuna*, que se hace moliendo las tunas, sin sus semillas, y cociéndolas con dulce de piloncillo. Con la miel de las tunas se hacen también jarabes y una bebida algo alcohólica que llaman *colonche*.

El nopal tiene muchas virtudes medicinales y nutritivas, y en la cocina indígena prehispánica ocupó un lugar distinguido.

La papa o patata

Del quechúa *papa*, es un tubérculo originario del Perú, de los Andes, que aclimatado en el México antiguo se diseminó por toda América, y al mundo fue llevada por los españoles desde el siglo XVI. A tal grado sirvió la papa para ayudar a la alimentación de los seres humanos que en 1847 salvó a Irlanda cuando sobrevino una espantosa hambruna por haberse perdido las cosechas de granos alimenticios. En Estados Unidos se cultivó en gran escala a partir de 1719, cuando algunos inmigrantes de Irlanda la llevaron a ese país.

La planta alcanza una altura que varía entre medio metro y un metro. Da frutos en baya, de color verde, en los tallos que son subterráneos. En la cocina mexicana la papa tiene parte en los más elaborados platillos, pero también en los más comunes y sencillos. Los antiguos indígenas prehispánicos tomaban las papas hasta con su piel, preparándolas de la siguiente manera: formaban una salsa friendo aparte, en aceite de chía, una cebolla grande, un chayote picado, jitomate molido y un chile serrano entero. Cortaban la piel a las papas mondadas y en tiras o trozos las ponían a cocer en el refrito anterior hasta que estaban en su punto, luego le añaden una rama de epazote. Las papas peladas las tomaban aparte, simplemente cocidas y aderezadas con la salsa.

La batata o boniato

Es una variedad de la papa: planta vivaz de la familia Convolvu-
lácea, de tallo rastrero y ramoso, de hasta un metro de longitud.
Sus raíces o bulbos son como los de la papa, de color pardo por
fuera y amarillento o blanco por dentro, de unos 12 centímetros
de largo. Es comestible esta raíz o batata, sea asada o cocida, con
sal o con dulce. En Portugal hacen con el boniato una bebida alcohólica que llaman *marmoda*.

El camote

Es otra variedad de la papa, con su nombre nahua: *camotli*. Como el
boniato, sus tubérculos se comen asados o cocidos, fritos o acicala-
dos, solos o endulzados. Por ser la patata más dulce, con el camote
se preparan fácilmente diversos platos endulzados y dulces en conserva. Ya los antiguos indígenas prehispánicos conocieron sus cualidades y elaboraron diversos dulces, como este *dulce de camote y
guayaba*: se lavan perfectamente medio kilogramo de camote y cinco guayabas maduras y se ponen a cocer juntos en un litro de agua
(el camote pelado) hasta que suavicen. Se muelen y se pasan por un
cedazo. Al agua en que se cocieron, colada, se le agrega medio kilogramo de miel de maíz o de maguey, y se le añaden el camote y las
guayabas ya molidas. Se deja todo a fuego lento, moviendo constantemente para que no se pegue en la cazuela, de preferencia con una
cuchara de madera. Cuando al mover se ve el fondo de la cazuela,
se vacía en el platón y se le añaden unas gotas de vainilla escurrida.
El *postre de camote y piña* se prepara así: a fuego lento, en
una cazuela honda y sin dejar de mover con una paleta de madera,

se mezclan un kilogramo de camotes de la mejor calidad, pelados, cocidos en agua, escurridos y molidos, y tres rebanadas de piña fresca, peladas, sin su centro, también molidas. Se añade medio kilogramo de miel de maíz o de maguey y se mueve y deja hervir la pasta hasta que esté ligeramente dorada. Hay que probar, para ver si el condumio necesita más miel según el gusto. Se vierte luego en una cazuela extendida, y se adorna con media taza de cacahuates pelados, tostados y picados. Se deja enfriar antes de servir.

El cocotero

Es una planta de la familia palmeras, originaria de Asia o de Polinesia, con variantes propias en México y las regiones cálidas de América. Es de tronco elevado, de 20 a 30 metros de altura y 30 centímetros de diámetro, erecto y sin ramificaciones y coronado en el ápice por un penacho de 12 a 15 hojas penadas que miden de tres a seis metros de largo. Posee flores masculinas y femeninas, amarillas las primeras y verdosas las segundas, agrupadas en una inflorescencia protegida por una espata leñosa, de cerca de un metro de largo, y que produce de 5 a 15 frutos de 30 centímetros de diámetro cada uno, con un peso de 1.5 kilogramos.

El llamado coco de agua consta de un epicardio lustroso de color amarillo, un mesocarpio fibroso de cuatros a cinco centímetros de espesor, un endocarpio o cáscara, y finalmente el algumen, constituido por la almendra y un líquido claro, que llaman agua o leche de coco. Cuando el coco está tierno, la almendra se presenta carnosa y cremosa, y es cuando recibe el nombre de leche de coco. El endocarpio presenta tres orificios llamados ojos del coco, por donde sale el embrión cuando germina, pues el fruto es a la vez la semilla de la planta.

El cocotero tiene una larga vida: florece desde los cinco años, y se cosecha de los seis a los siete, aunque sólo a los 12 comienza a producir plenamente. Crece cerca de las costas, especialmente en climas cálidos y en terrenos situados a no más de 200 metros de altura. La almendra de coco contiene hasta 60% de aceite. Las fibras que lo cubren se emplean en cordelería y en la elaboración de cepillos, escobas, etcétera, y quemadas dan la pintura conocida como negro de humo. También se obtienen del coco vino, vinagre y una bebida alcohólica que en las costas occidentales de México se conoce como *tuba*, que es sabia fermentada, de sabor agradable y propiedades estomáquicas y excitantes. El agua de coco es diurética y refrescante, la manteca es emoliente, la leche vermífuga, el casco quemado odontálgico, la raíz antidisentérica y antidiarreica, las flores astringentes y pectorales y la carne del coco hemostática. La pulpa del coco se llama industrialmente *copra*, y es la que se comercializa en mayores cantidades por sus usos tan variados y necesarios.

El coyol

Es una variedad mexicana del llamado corozo de America Central y Belice, el coco de aceite que se halla silvestre en las tierras y costas cálidas del sureste mexicano. Bella planta ornamental es parecida al cocotero, aunque más pequeña. De ella se aprovechan tronco, ramas, hojas, savia, frutos, etcétera. Su fruto es el coquito de aceite, que crudo lo saborean los niños y la gente del pueblo. Los indígenas prehispánicos consumieron en su alimentación grandes cantidades de coco de agua y coquito de aceite.

Hierbas y cactos

Las algas

Son la esperanza del poblado mundo actual para proporcionar alimento suficiente y barato a la humanidad creciente del porvenir: es asombrosa su multiplicación en el lecho de los mares y en las aguas represadas. Las algas son vegetales provistos de núcleo, de un pigmento verde llamado clorofila, fotosintético, al que se pueden agregar otros pigmentos accesorios que dan diferentes colores a las plantas según la región en que se desarrollen. Se reproducen por medio de pequeñas células llamadas esporas y gametos.

Los antiguos mexicanos del valle central consumían algas en su dieta diaria. Las recogían del gran lago del valle de México y las conocieron bajo el nombre de *tecuitlatl* o *tecuitate* "excremento de piedra", o como *cocolin* o *cocol de agua* "viscocidad del agua". El alga crecía en el fondo del lago, y cuando estaban maduras y flotaban en la superficie, las recogían y ponían a secar al sol. Con ellas formaban pequeñas tortas, que ponían de nuevo a secar al sol y almacenaban hasta por un año. Este alimento era empleado también como tributo. Su abundancia dio origen a un toponímico: *Tlahuac* (lugar de algas).

En los aledaños de la ciudad de México existen todavía, en los vasos residuales del antiguo lago de Texcoco, algunos especímenes de algas espirulinas que son las mismas que se encuentran en el centro de África y que se utilizan como alimento en las orillas del lago de Chad, bajo el nombre de *dié*, en forma de salsa, como complemento de la alimentación por su rico contenido en minerales, vitaminas y proteínas. Se cosechan estas algas descremando la natilla que se forma en la superficie de las aguas y dejándolas secar al sol, tal como lo hicieron desde tiempos remotos los antiguos indios mexicanos.

Actualmente en China un alga, el *kombú*, resuelve en parte el problema de la alimentación. El *kombú* es un compuesto de algas marinas, que previamente han sido hervidas y puestas a secar al sol para comprimirlas luego en forma de virutas de madera. Estas virutas se hierven y dan un sucedáneo de las verduras y legumbres, además de que con el *kombú* también puede prepararse un delicioso té.

Cerca de la capital mexicana existe la primera planta piloto del mundo para el estudio de las algas alimenticias, especialmente la *espirulina*, que se produce ahí en pequeña escala industrial. Estas algas son las mismas que los indígenas prehispánicos consumieron agregadas a sus alimentos y que llamaron "excremento de piedra". Las algas son tan útiles que producen 80% del oxígeno que hay en el mundo, y tan alimenticias que si la carne contiene 16% de proteínas, las algas tienen hasta 65 por ciento.

Los hongos

Después de las algas, son los seres vivos más sencillos. Los mohos, las levaduras y algunas bacterias son hongos microscópicos. Los hongos para comer son las setas, grandes y con la forma característica de un tallo con sombrero. No son verdes porque no tienen clorofila, por lo que generalmente son parásitos, y viven al pie de los árboles, cuyas raíces chupan, o en los troncos, donde beben la savia que por ellos circula.

Los hongos son considerados como un complemento valiosos para la preparación de muchos platos universalmente conocidos como exquisitos. Existen cerca de 40 mil variedades de hongos, pero muy pocos de ellos son comestibles y alimenticios, pues la mayoría son sin valor alguno y hasta venenosos. En todo el mundo los seres humanos han comido hongos desde la prehistoria: en Grecia, Roma y la antigua China fueron ingredientes de alta cocina. En el México prehispánico la variedad de hongo que más se consumió fue el *cuitlacoche* o *huitlacoche*, hongo semejante al tizón, que se desarrolla en la mazorca tierna del maíz. A veces el hongo invade toda la mazorca y ésta también es llamada *huitlacoche*. Así es como los antiguos indígenas lo utilizaron para preparar sus *tortillas de huitlacoche*: se prepara una salsa moliendo seis chiles poblanos, desvenados y limpios, con una rama de epazote y una taza de caldo de aves. Se hierve hasta que espese. Aparte se fríen picados en aceite de chía dos chiles verdes, una rama de epazote y una cebolla chica. Se le agregan seis huitlacoches desgranados y picados y se deja la mezcla a fuego lento hasta que se cuece. Se mueve constantemente con una cuchara de madera, para que no se pegue. Esto se pone encima como recaudo de tortillas fritas y endurecidas para formar una especie de tostadas. La salsa anterior se pone encima del relleno.

Había en el México antiguo otra clase de hongos que se comían: los alucinógenos. Pero éstos sólo se consumían en las ceremonias y ritos religiosos que se hacían en honor de algunas divinidades, y casi excepcionalmente por los sacerdotes y altos jerarcas. Los cronistas que describieron esos festejos dijeron:

Muy al principio va el dar de comer a la gente hongos. Los comían al tiempo que se dice toque de flautas. Ningún alimento habían comido, sino solamente un poco de cacao que bebían por la noche. En cuanto a los hongos, los comían con miel. Cuando les hace efecto el hongo se ponen a bailar o llorar. Pero algunos que aún están en su juicio se meten a su lugar, se sientan pegados a la pared y ya no bailan, sino están cabizbajos. Uno ve que va a morir y se pone a llorar; otro ve que ha de morir en guerra. Otro ve que está comido por las fieras. Otro ve que está hecho cautivo en guerra. Otro ve que va a ser rico, a ser feliz, tenido por persona de representación. Otro ve que ha de comprar gente, ha de ser dueño de esclavos. Otro ve que va a ser adúltero: ha de ser quebrantado de la cabeza con piedras, oprimidos por piedras... Y cuando el efecto del hongo los ha dejado, se ponen a conversar, se dicen lo que han visto.

Esta clase de hongos alucinógenos, llamados por los indios *teonanacatl*, los siguen usando algunos pueblos indígenas, como los zapotecos de la sierra de Oaxaca, en ceremonias que siguen los cánones descritos en el *Códice matritense*.

El quelite

Del nahua *quilitl*, es una hierba hortense, especie de bledo, originario de México. Los mexicas de Tenochtitlan lo cultivaban en sus chinampas del lago de Texcoco y era uno de los productos alimenticios más importantes de su dieta. También formó parte preponderante en los ritos religiosos: los sacerdotes mexicas modelaban estatuillas de los dioses de la guerra y el fuego (Huitzilopochtli y Xiuhtecuhtli), empleando semillas tostadas y molidas de quelite y amaranto. Las unían a veces y las pegaban con sangre tomada a las víctimas de los sacrificios humanos, y partidas las daban a comer al pueblo, en una especie de comunión. El nombre de quelite lo impusieron los nahuas a algunas poblaciones como Ixmiquilpan, de *ixmi*, "llanura", *quilitl*, "quelite" y *pan*, "lugar": "llanura cubierta de quelites".

El quelite fue llamado verdolaga por los españoles por su forma larga y su color verde. Del quelite y otras hierbas hortenses dijo Sahagún en sus escritos:

> Hay juncos como los de España y llámanse *xomalli*. Hay unas hierbezuelas que son comestibles, que nacen en el agua como junquillos y las llaman *atezon*. Hay unas cañuelas que se hacen en el agua, que se llaman *acapapacquilitl*, y hay unas hierbezuelas en el agua, que tienen la hoja como tomín, anchuela y extendida sobre el agua, y las llaman *malacotl*.

El quelite posee grandes cualidades nutricias, sus hojas pueden comerse como cualquier verdura y la planta produce una masa de semillas pequeñas. Además tienen muy buen sabor y su gusto es similar al de las espinacas, pues las hojas permanecen blandas y tiernas aun durante el verano. Las semillas saben parecido a las nueces y con ellas se prepara una harina que, a diferencia de lo que ocurre con la de soya y la de frijol, es ideal para la elaboración de pan y repostería. Si esas semillas del quelite se ponen en seco al fuego, revientan en forma parecida a las palomitas del maíz.

En el México antiguo el quelite empezó a ser cultivado hace unos 8 mil años. Se calcula que la gran Tenochtitlan obtenía cada año 9 millones de litros de semillas de quelite para su subsistencia y usos varios. La otra planta que se usaba en sus semillas, semejantes a las de ajonjolí, para modelar las estatuillas comestibles de los dioses de la guerra y el fuego es el amaranto.

El amaranto o alegría es una planta perenne de tallo grueso carnoso, de color siempre verde, llamada también *moco de pavo*. Este nombre se le dio por su semejanza con el guajolote que tienen sus flores purpúreas, dispuestas en espigas colgantes, alrededor de un tallo central, más grande. Como es ornamental, se le llama también borla, felpa y manita. El amaranto tiene espigas a manera de cresta, y sus frutos tienen cápsulas o carióspides con muchas semillas oscuras. Los indios comían (y comen) la parte tierna de la planta como quelites y con sus granos o semillas hacían atole, tamales pequeños llamados *huaquiltamales* y una pasta con miel que llaman ahora alegría y antes *tzoali* o golosina. Algunos llaman al amaranto el *huauhtli*.

Los cactos

Integran las especies más típicas de la familia Cactácea, como la higuera chumba o nopal. Su nombre viene del griego *Káktos*, "hoja espinosa", y son plantas Dicotiledóneas perennes, crasas, de tallo grueso, acostillado y verrugoso, flores sentadas, vistosas y grandes, pero efímeras, y fruto en baya, con numerosas semillas. La familia comprende más de 1 500 especies, que viven principalmente en América meridional y central. En las especies mexicanas se cuentan el peyote, el nopal, el cirio, los órganos y biznagas, la reina de la noche, la pluma de santa Teresa y la cabeza senil. Generalmente viven en desiertos y zonas áridas, gracias a que almacenan agua en sus tallos y hojas. Los frutos son generalmente muy sabrosos y alimentan lo mismo a los seres humanos que a los animales.

El cacto gigante o saguaro, del norte de México y del sur de Estados Unidos, puede vivir hasta 250 años. Semeja un enorme candelabro, que sirve de refugio a lechuzas y pájaros carpinteros en los agujeros que hacen en sus tallos; se eleva hasta 15 metros de altura. De una biznaga se obtiene el acitrón o dulce cubierto. El *xoconochtli* se emplea para condimentar moles y frutas cubiertas. El garambullo y la pitahaya dan frutos comestibles, del nopal se comen sus hojas, y su fruto, la tuna, es muy sabrosa y produce el queso de tuna, la vista colonche y jarabe.

No todos los cactos son de origen mexicano, pero sí son de tierras mexicanas muchos de los más hermosos, de caprichosas y originales fisonomías que han fascinado al mundo, como el colosal candelabro y el extraño y encantador viejito. Una especie mexicana de biznaga fue conocida por los indígenas prehispánicos de México, que emplearon sus frutos para comerlos. Es una planta herbácea, umbelífera, como de un metro de altura o menos; con tallo liso, hojas menudamente hendidas, flores pequeñas y blancas que brotan formando una especie de sombrilla; y el fruto oval y lampiño. Con los radios umbelares se hacen escarbadientes, y las palmitas que contienen las flores son medicinales, contra cólicos y afecciones estomacales. Del fruto se hacía un dulce cubierto, la biznaga, que todavía se vende en algunos lugares.

El cardo es el nombre vulgar que se le da a muchas plantas, especialmente de la familia compuesta, tribu de las Cinéreas. Entre los mejores ejemplares destaca el cardo de comer, de un metro de altura, con hojas grandes y espinosas, como las de la alcachofa. Sus flores son azules, en cabezuelas. Las pencas se comen crudas o cocidas, y para ello se arrancan luego de nacidas; se aporcan para que queden blancas, tiernas, sabrosas y se dulcifiquen para que sean comestibles; con ellas se preparan ensaladas. Los caballos las apetecen mucho como forraje. La pitahaya tiene el tallo trepador, de color gris, con espinas de uno a tres centímetros de largo, y otras de cuatro milímetros en ellas. Sus flores miden hasta 30 centímetros y su fruto es de color rojo, cubierto de escamas foliares y con semillas negras. Recibe también los nombres de junco, tasajo, *zacoub* y pitahaya orejona. Su raíz es diurética, y los indios serranos acostumbran todavía comer sus frutos, como lo hicieron antes sus ascendientes. La yuca, de la familia de las Liliáceas y de aspecto muy característico, existe desde la parte sur de Norteamérica, por México, hasta Centroamérica en las zonas desérticas de esos países. Alcanza alturas variables, que pueden llegar hasta 12 metros. Su tronco es corto y da pronto lugar a gruesas ramificaciones, las hojas, estrechas y largas, se disponen en grupos en el extremo de las ramas y poseen un ápice extremadamente aguzado en forma de púa. El follaje persiste en la planta durante mucho tiempo sin desprenderse de la misma.

Las flores de la yuca son blancas, aunque en algunas especies pueden ser amarillentas. Se agrupan en espesos racimos de gran belleza. En ellos se desarrollan más tarde los frutos del vegetal, que son rojizos o amarillos y son semejantes a los dátiles de las palmeras africanas, sólo que los de la yuca son dulces y de sabor agradable, y se comen igualmente crudos, pero en especial en conserva o cubiertos. Los antiguos indígenas prehispánicos de las regiones desérticas (donde la yuca y la pitahaya se dan), como tarahumaras de Chihuahua y ópatas de Sonora, comieron los frutos de ambas plantas y prepararon con diversos condumios, algunos de ellos no olvidados todavía.

Una variedad de yuca eminentemente americana es la yuquilla, semejante en la forma a la yuca, pero de menores dimensiones. La llaman yuca de Cartagena en Colombia, yuca del Orinoco en Venezuela, camotillo en Costa Rica y sagú en Cuba. Yuquilla se llama también la pasta que de sus frutos se obtiene, semejante a la mandioca o harina de la planta africana llamada así, mandioca. El almidón de yuquilla tiene aplicaciones medicinales, y altas propiedades alimenticias.

El tamarindo

Es un árbol de hermoso aspecto, de la familia Leguminosas cultivado en las regiones cálidas, tanto por su aspecto ornamental como por la aplicación de sus frutos en la alimentación y la medicina. Puede alcanzar una altura de 20 metros. Sus hojas están formadas de 12 a 20 folíolos; sus flores son de color amarillo o púrpura y se reúnen formando un racimo. Éste se desarrolla en una vaina leguminosa, de unos 20 centímetro de largo, y en cuyo interior se encuentran las semillas, sumergidas en una pulpa oscura, rica en ácidos orgánicos, goma y azúcares. Con esas vainas se preparaban bebidas de un sabor muy ácido pero agradable. En mayores dosis se emplean, y las emplearon los antiguos indígenas prehispánicos, como laxante.

Cacahuates y semillas

El cacahuate o maní es una leguminosa, herbácea anual, de 30 a 40 centímetros de altura, con ramas tendidas, hojas con cuatro folíolos ovales, y flores amarillas, estériles las superiores y fecundas las inferiores. Su fruto es una legumbre, que penetra en el suelo para madurar y contiene una o dos semillas oblongas, aceitosas y feculentas. Por esa particularidad que tiene la planta de esconder debajo de tierra sus frutos, los aztecas o mexicas la llamaron *tlalcacahuatl*, que significa cacao de tierra. Al ser conocida esta leguminosa en Francia, respetaron su nombre original y la llamaron *cacahuet*, pero en Cuba le pusieron maní.

Cristóbal Colón vio por primera vez al cacahuate en Haití, donde conoció también el hule o caucho mexicano. Pero el cacahuate no era haitiano, sino que había llegado desde tierras mayas, de Yucatán. Los antiguos indígenas prehispánicos de México comían los cacahuates solos o combinados con otros alimentos, tostados y salados o dulces, quebrados para adornar platillos, y molidos para obtener su aceite. El cacahuate es una curiosidad botánica: no es una nuez, aunque lo parezca, sino una leguminosa, pariente de los chícharos y el frijol.

Antes de 1850 era todavía el cacahuate un producto agrícola casi desconocido en el mundo, pero el gorgojo del algodón contribuyó, en Estados Unidos, a que se difundiera primero en ese país y luego en el mundo. Los agricultores del sur de Estados Unidos habían desechado el cultivo del cacahuate, que se conocía ya en las tierras desérticas del norte de México. Pero una vez que el algodón que cultivaban fue atacado por el gorgojo y casi aniquilado, sembraron cacahuate en su lugar, y la planta demostró ser muy rendidora y de gran utilidad. Más tarde el doctor George Washington Carver, nacido esclavo, estudió el cacahuate con detenimiento y descubrió 325 usos útiles de esa leguminosa. Obtuvo de ella un sustituto del café, con una mezcla de cacahuates, chícharos secos y trigo, aceites antifricción y bueno para cremas y pinturas, alimentos forrajeros para el ganado, chocolate sintético, plásticos, lanas, hilos para tejidos, goma no pegajosa para climas húmedos, maderas livianas y un sustituto del corcho. De la pulpa del cacahuate se obtiene aceite hasta 92 por ciento. Mezclando hidrógeno con ese aceite se logra un buen lubricante industrial. Además, el cacahuate tiene propiedades medicinales.

Los indígenas prehispánicos preparaban esta *sopa de jitomate y cacahuate*: mezclaban dos jarros de jugo de jitomate con un jarro de crema de cacahuate (cacahuate molido), con sal y chepincha, hierba de condimento. Calentaban la mezcla sin dejarla hervir y aderezaban la sopa con rebanadas de huevo de pato cocido y cacahuates tostados y desmenuzados. Otra *sopa de cebollitas y cacahuates* la preparaban así: 18 cebollitas pequeñas las cocían en agua salada hasta que estuvieran suavecitas, las escurrían y las mezclaban con medio jarro de cacahuates tostados y picados. Ponían todo a fuego lento durante 20 minutos y le agregaban agua y un poco de aceite de chía. Dejaban hervir todo por 10 minutos más, y servían este platillo bien caliente.

El girasol

Fue conocido y cultivado por los pueblos indígenas prehispánicos, y sus semillas comidas. Es una planta herbácea anual, de la familia de las Compuestas, también llamada *gigantón* y *maíz de tejas*. En México se le llamó *acahual* o silvestre, y todavía es llamado *acahuelera* el campo en que ha crecido intrincadamente. Originaria de México, la planta medra en todo el país, en el sur de Estados Unidos y en Centroamérica. Alcanza hasta tres metros de altura, y su raíz principal, delgada y profunda, llega a medir hasta dos metros. Cerca de la superficie del suelo da numerosas raíces secundarias, horizontales o perpendiculares. Es una planta de ciclo evolutivo corto: de 120 a 150 días. Se llama girasol porque su corola gira durante el día, presentando siempre su anverso al sol.

Las flores se dan en cabezuelas de hasta 50 centímetros de diámetro en torno al disco central, formado por pequeños tubos de color amarillo parduzco. En el siglo XVI fue llevado el girasol a Madrid, España, y descrito por Dodoneus en 1567, pero hasta 1833 fue cultivada en el Viejo Continente. En ese año se comenzó a sembrar en Rusia, en la provincia de Saratov, donde se empleó para producir buen aceite comestible. Las tortas o residuos de la elaboración se emplean como forraje, abono y combustible. Los tallos se usan para hacer papel, y los frutos o semillas, frescos o tostados, son buen alimento para aves, y aún para las personas.

El aceite de girasol es de gran calidad: se presta muy bien para cocinar, para ensaladas, conservas y la fabricación de margarina. Los incas, adoradores del sol, reverenciaron a su flor como simbólica, creyéndola adoradora del astro rey, al cual siguen durante el día en su paso por el cielo. La planta toda es altamente medicinal.

El mezquite

Es un árbol mexicano de la familia Mimosácea, parecido a la acacia, que produce también una goma. De sus hojas se saca un extracto que se emplea contra las oftalmías, lo mismo que el zumo o jugo de la planta. Abunda en los lugares áridos y secos del centro y norte de México junto con el huizache, la gobernadora, el ixtle y el *hojasén*. Llega a formar grandes aglomeraciones de plantas que dan a la región un paisaje de color cenizo en los llamados chaparrales. En algunos sitios crecen mucho las plantas, hasta 12 metros de altura, proporcionando agradable sombra contra los calcinantes rayos del sol.

Sus flores son amarillo-verdosas y sus frutos dan unas vainas de 10 a 20 centímetros de largo, gruesos en la madurez, de color pardo o amarillento. Son bastante dulces y comestibles estando frescos, y ya secos se muelen y forman una pasta, que se come y llaman *mezquitamal*, una verdadera golosina en los campos norteños, como lo fue también para los indígenas prehispánicos. La goma del mezquite, o sea el jugo seco de las ramas, fue, en gránulos o trozos, el copal o incienso que los indios quemaban y hacían echar humo frente a sus dioses de piedra. Este *mizquicopalli*, de color ambarino y transparente, semejante a la goma arábiga, disuelto en agua constituye un excelente mucílago, que tiene diversos usos medicinales.

Llaman también a la planta *acacia de Catarina*, algarroba, aroma en Cuba, bayahonda, cují negro, cují yaqui, chachaco, chúcata, huizache y manca caballo en Panamá, porque tiene espinas para defenderse de la depredación causada por los rebaños. En Venezuela lo llaman yaque blanco y yaque negro. De las florecillas aromáticas que se agrupan en espigas se extrae una miel de calidad especial que es muy alimenticia. Los brotes, el jugo y la goma del mezquite tienen aplicaciones medicinales.

El granjel

Es un arbusto de cinco a seis metros de altura, propio de los climas cálidos desérticos, de hojas pequeñas y pálidas, ramas que en su extremidad llevan cuatro espinas, flores de color blanco y frutos pequeños, subglobosos, cubiertos de protuberancias. Esas frutillas, que llaman granjeles, son comestibles y los comieron mucho las tribus de los indios del norte de México desde épocas antiguas. El cocimiento de hojas y frutos lo emplearon esos indígenas, y lo usan los campesinos actuales, en contra de las diarreas rebeldes.

La pingüica

Es un árbol o arbusto de la familia Ericáceas, de hojas a menudo oblongas y glabras en la cara inferior, con el margen a menudo enrollado. Las flores están dispuestas en panojas terminales o en racimos, sus pétalos son de color rosado, y el fruto es drupáceo, con pulpa granulosa y el aspecto de una manzanita. Se le llama también madroño y por el alto contenido de tanino en toda la planta se emplea como diurético, astringente, antinefrítico y anticatarral. Los indígenas prehispánicos de México comieron mucho de esas frutillas, tanto por ser muy alimenticias como porque el sacaruro que contienen aumenta la orina y disminuye la albúmina.

El capulín

Es un árbol o arbusto de la familia Ulmácea, de dos a ocho metros de altura. Sus hojas son ovales, las flores diminutas, de color blanco-verdoso, dispuestas en cimas, los frutos globosos, verdes o rojizos. Su corteza tiene una fibra muy fuerte que se emplea para hacer cordeles; contiene almidón, ácido gálico, materia grasa, tanino, colorante rojo y sales de calcio, potasio y fierro. De ella se extrae la amigdalina y un alcaloide especial. De las hojas se extrae un aceite esencial, tan venenoso que sólo dos gotas de él bastan para causar la muerte en cinco minutos a un animal de tamaño mediano. Esas hojas tienen también virtudes antiespasmódicas.

Los frutos pequeños de capulín, semejantes a las cerezas, son globulosos, verdes o rojizos, que ennegrecen al madurar. Son de gusto y color agradables, más grandes que los granjeles. Los indígenas prehispánicos los comieron en abundancia, solos o preparados en compotas y en otros condumios.

El tejocote

Es planta mexicana de la familia Rosáceas, congénere del *espino majirelo* y del acerolo. Arbusto de 8 a 10 metros de altura, tiene ramas gráciles y espinosas, hojas dentadas, flores blancas de olor

desagradable y frutos ácidos, comestibles en drupa de color anaranjado o amarillo, de tamaño menor que los capulines, duros y
de sabor agridulce, muy aromáticos y de propiedades medicinales,
propios para aliviar la congestión de los riñones y las vías urinarias.

Su nombre proviene del nahua *tetl*, "piedra", que por extensión
significa cosa dura, y de *xoxotl*, "fruta ácida". Por el parecido en su
forma, el tejocote es una manzana en miniatura, por lo que en algunas partes de México recibe e nombre de manzanilla. Como ahora
los campesinos, los antiguos indígenas prehispánicos comieron los
frutos del tejocote crudos o cocidos, solos o convertidos en merme-
lada o dulce de frutillas ácidas.

La jícama

Es planta herbácea mexicana de la familia Papilionácea, de uno a
dos metros de altura con grandes raíces gruesas, tuberosas, con ten-
dencia a la forma globosa, de color blanco y de sabor dulce, jugosas
y agradables. Esa raíz es la que se come, y de ella brotan las ramas
cilíndricas, largas y algo delgadas que se esparcen sobre la tierra.
Las hojas, trifoliadas, tienen largo pecíolo y están dispuestas a manera de cruz. Las flores son de color azul, y el fruto es una vaina
que mide de 12 a 14 centímetros de largo. En la medicina popular la
planta tiene diversos usos. Las semillas del fruto son venenosas y,
aunque son también medicinales, deben administrarse con cuidado.

Los antiguos indígenas prehispánicos comieron abundante-
mente las raíces o bulbos de la jícama, lo mismo crudas que en
su jugo y preparadas aderezando otros platillos. Una *ensalada de
jícamas* resulta distinta, muy sabrosa y refrescante, dé peculiar sabor y original. Se prepara cortando la jícama en pequeños trozos y

aderezándola con jugo de piña y cacahuates desmenuzados. Otra *ensalada de jícama y aguacate*, más elaborada, la preparaban los indios así: se rallan dos jícamas medianas con una rama de xoconoxtle, una cebolla picada, una cucharada sopera de salsa de *xoxoxochitl*, un jitomate molido y un aguacate grande, partido en cuadritos. Se sazona al gusto.

A las frutillas de la flora desértica o semidesértica, empleadas en la alimentación por los indígenas prehispánicos, se sumaban las verdaderas frutas grandes, muy variadas y abundantes, que lo mismo recogían de sus criaderos silvestres que cultivaban con esmero en sus chinampas o campos de cultivo. La variedad de frutas era tal que aun una lista parcial de ellas nos impondrá su importancia alimentaria. Tenían plantas y frutos de aguacate, ananás, anona, arrayán, cacahuate, cacao, cactáceas, calabaza, camote, capulín, cocotero, ciruelo silvestre, chía, chilacayote, chirimoya, biznaga, guanábana, guayaba, granjel, jícama, jenicuil, mamey, mangle, nanche, níspero, nopal, pingüica, piña, pitahaya, papaya, tamarindo, tejocote, vainilla, *xocotl* (especie de ciruela) y zapote. La chirimoya, la anona y la guanábana eran frutas "de pepitas como frijoles y pulpa como manjar blanco". Una especie de zarzamora la usaban en atoles y tamales. Los dátiles de la yuca, las tunas del nopal y una especie de plátanos pequeños y silvestres son también otras frutas como las moras y las nueces de algunos árboles: bellotas y piñones rústicos.

La chirimoya

Es el fruto del chirimoyo, una baya verdosa con pepitas negras y pulpa blanca, de sabor muy agradable. Su tamaño varía desde el de una manzana al de un melón. Se ha de consumir cuando está madura, porque se pudre con facilidad. El chirimoyo es árbol de la familia Anonáceas, de unos ocho metros de altura, con tronco ramoso y de copa poblada; hojas elípticas y puntiagudas y flores fragantes, solitarias, de pétalos verdosos y casi triangulares. Se incluyen varias especies, algunas originarias de las zonas cálidas de México, como la *Annona cherimolia*, que tiene propiedades medicinales. Los indígenas prehispánicos preparaban una bebida refrescante y estomacal partiendo en trozos pequeños seis chirimoyas medianas, maduras pero firmes, lavadas y secas. Le añadían el jugo de una piña pequeña, descascarada y molida, más 100 gramos de miel de abejas o de avispas.

La anona

Es un género de la planta de la familia Anonácea, con 60 especies de la América tropical y algunas de Asia y África. Son arbolitos de unos cuatro metros de altura, de tronco ramoso, con corteza oscura, hojas grandes, alternas, lanceoladas, lustrosas, verdinegras por encima y más claras por el envés. Las flores son de color blanco-amarillento, y el fruto con escamas convexas, que cubren una pulpa blanca, aromática y dulce. Dentro se hallan las semillas, que son negras, duras y correspondientes una a cada escama del mismo fruto. Originaria de México, es llamada también ate, catuche, mamón, vagá, laurel de cuabal y fruta de la condesa. Es la *Annona muricata*, cuyo nombre de anona se lo dieron los españoles, en memoria de *Annona*, que en la mitología de la antigua Roma era la diosa de los mantenimientos, especialmente del trigo.

Las frutas grandes

La guanábana

Del taíno *wanabán*, es árbol de la familia Anonácea, originario de México, de seis a ocho metros de altura, con hermosa copa y tronco recto, de corteza lisa, de color gris oscuro. Sus hojas son lanceoladas, lustrosas, de color verde intenso por encima y blanquecinas por el revés. Sus flores son grandes, de color blanco-amarillento, y el fruto grande, de hasta dos kilogramos de peso, acorazonado, de corteza verdosa, con púas débiles. La pulpa del fruto es blanca, de sabor muy grato, azucarada y refrescante. Sus semillas son negras y lustrosas. La planta tiene propiedades medicinales, por lo que los antiguos indígenas prehispánicos la emplearon en su farmacopea. Pero sobre todo la usaron como alimento, comiendo su pulpa cruda en refrescos y para aderezar otros platillos. La pulpa sola, mezclada con miel de abejas *Meliponas*, era para ellos estimulante y vigorizante.

La guayaba

Es el fruto del guayabo, árbol de la familia Mirtácea, de hasta 20 metros de altura, de tronco delgado, lampiño, torcido y ramoso, dividido por lo común cerca de la base. Las hojas son elípticas y ovales, las flores solitarias o en pedúnculos, blancas y olorosas. La guayaba es globosa, ovoide o periforme, de 3 a 10 centímetros de largo, generalmente de color amarillo, de aroma intenso y muy persistente. Su carne está llena de pequeñas semillas esferoides, como granillos. Comestible en fresco, su sabor es dulce, cocida la pulpa con azúcar o dulce (miel) se produce el dulce mexicano llamado *guayabate*. Las semillas son numerosas, reniformes y achatadas; germinan fácilmente, y en estado silvestre son difundidas por los animales, especialmente las aves, que comen el fruto con todo y semillas y luego las desechan.

En América el cultivo del guayabo se extiende desde México y Centroamérica hasta Perú. Todas las variedades mexicanas tienen el fruto pecoso, punteada la corteza de negro, y son de muy intenso aroma. Recibe diversos nombres en distintas regiones como guayaba colorada, guayaba perolera, pichi, enandi y *xalxocotl*. En la cocina mexicana el guayabate, como dulce, tiene un lugar principalísimo. La *pasta de guayaba*, principio del ate respectivo, se hace así: se disuelven, en un cuarto litro de agua, hirviendo 400 gramos de azúcar, dejándolo al fuego durante 15 o 20 minutos. Se clarifica la miel con un chorrito de limón. En este almíbar se coloca la pasta de guayaba, que se ha preparado pelando las frutas, moliendo la pasara con todo y semillas y pasándola a través de un cedazo de tela. Se agrega medio kilogramo de esta pasta, removiendo todo muy bien con una espátula o cuchara de madera. Se pone la mezcla sobre un fuego suave y, cuando haya tomado un punto más alto que el de la cajeta, se le dan unas cuantas batidas y se pasa a enfriar sobre platones o moldes.

Los ates de México (los más famosos son los de Morelia, Michoacán) se hacen con el mismo procedimiento para producir membrillate, duraznote, fresate, higate, etcétera. Fue en España donde se hizo primero una pasta de membrillo, que en catalán llamaron *codonyat* y en español codoñate, y la terminación ate se extendió para llamar a las pastas de otros dulces: piñonate, almendrate, etcétera. En México se adoptó la costumbre de terminar con ate las conservas duras de frutas, aunque éstas, como dulces frutales, ya se usaran mucho tiempo antes por los indígenas prehispánicos.

Todos los ates se preparan concentrando, por evaporación y en presencia del azúcar o un edulcorante cualquiera, los frutos y frutas dulces. La reacción ácida natural del fruto, o en su defecto la añadidura de un poco de jugo de limón, favorece el cuajado de la mezcla. Los ates más fáciles de obtener son de guayaba, membrillo y manzana, frutas que tienen abundante proporción de pectina. Si les falta, mejoran agregándoles tejocotes, pues esta frutilla es la más rica en pectina que existe y es de sabor casi neutro. Naturalmente que los antiguos indígenas prehispánicos, que no conocieron el azúcar de caña para hacer sus ates, emplearon mieles de maíz, de maguey, de otras plantas sacarosas y de las mieles de abeja y de avispa.

El mamey

Es un árbol de la familia Gutíferas que alcanza en la selva de 30 a 40 metros de altura, pero en cultivo hortícola solamente 15. Aunque su nombre es del caribe, su origen es mexicano, y fue llamado zapote grande por los antiguos indios, zapote niño, el chicozapote,

zapote de agua, zapote domingo o mamey de Santo Domingo, *rurí*, *shrú*, etcétera. Su tronco es grueso y su copa cónica, sus hojas pecioladas, lampiñas y oblongotrasovadas, sus flores axilares, solitarias y de color blanco rojizo, y sus frutos en baya, ovoides, de 15 a 20 centímetros en el eje mayor. La cáscara del fruto es muy áspera, pero la pulpa es suave, de color rojo pálido, dulce y de una a tres semillas de forma elipsoidal, de cuatro a cinco centímetro de largo, lustrosas, quebradizas, de color de chocolate por fuera y blancas en su interior.

El árbol produce una gomorresina de alcances medicinales. Las antiguas doncellas indígenas mexicanas usaban para su belleza un tricófero o tónico para el cabello que llamaban *cacacatl* y lo hacían a base de aceite de cacao, al cual agregaban una almendra o hueso de mamey machacado o bien molido. Con la pasta resultante untaban sus cabellos para mantenerlos siempre negros, brillantes y sedosos. En la cocina indígena las indias preparaban un *dulce de mamey envinado* de la siguiente manera: mezclaban en el molcajete tres jarros de pulpa de mamey con un jarro de pulque blanco. Cuando estaba todo bien incorporado, lo servían agregando a cada porción un poco de miel de maguey.

La papaya

Es el fruto del papayo, árbol de madera blanda, con jugo lechoso, de la familia de las Caricácea, de tres a cuatro metros de altura, pero que en ocasiones alcanza ocho o nueve. Su tronco es generalmente recto y simple, sin ramas laterales, de 20 a 25 centímetros de grosor, de color verde pálido, moreno amarillento o gris claro. Es hueco en el centro, por lo que es débil y flexible, con la madera porosa, marcada hacia el exterior por numerosas cicatrices que dejan las hojas al caer. Lleva en su parte superior un conjunto de hojas pecioladas, de siete lóbulos y racimos de flores amarillas.

El fruto, parecido al melón, es la papaya, una baya ovoide, oblonga o elíptica, de 30 a 50 centímetros de largo, de color amarillo oro o anaranjada, de unos nueve kilogramos de peso. La pulpa es carnosa, dulce, amarilla, anaranjada o rosada y sostiene en su parte interna, que es hueca, numerosas semillas casi esféricas, grisáceas o negras, de sólo unos milímetros de diámetro.

El papayo es originario de México y Centroamérica. Se dio silvestre o selvático en tiempos de los indígenas prehispánicos. Ahora se le cultiva en las regiones cálidas mexicanas por su gran importancia comercial. Es de crecimiento rápido y comienza a producir entre los ocho meses y los dos años. Se produce generalmente por semillas, siendo mejores las que provienen de las zonas costeras.

La médula del tallo de este arbolillo puede ser aprovechada en la fabricación de conservas, para lo cual se ralla y se mezcla con azúcar. Los antiguos indios la comieron molida y mezclada con mieles vegetales. Las raíces las cocían como legumbres. Las hojas las usaban como sustituto del jabón para lavar la ropa y las agregaban a la carne que cocían para ablandarla. El nombre de la papaya es del caribe, y se deriva de la voz ababaya. Los antiguos indígenas prehispánicos preparaban así un delicioso *dulce de papaya*: se pela bien una papaya de dos kilogramos de peso, quitándole las pepitas y cortándola en trozos. Se disuelve un poco de tequesquite en agua y se remojan ahí los trozos de papaya durante medio día. Luego se lavan varias veces, para quitarles la cal y se les da un ligero hervor; se retira de la lumbre y se deja enfriar. Aparte se prepara el almíbar con jarro y medio de miel de maguey o de maíz, con una rama de xonoconostle, dejando hervir todo durante 15 minutos.

Se echan en el almíbar los trozos de papaya y se dejan hervir durante media hora, hasta el punto que se desee.

La piña

Es una planta herbácea perenne, *sabacaule*, de la familia de las Bromeliáceas, ampliamente cultivadas en regiones cálidas por su inflorescencia o fruto: la piña o anona es considerada como uno de los más deliciosos productos vegetales. Originaria de Centroamérica, algunas especies son auténticamente mexicanas y existieron desde la época prehispánica. La planta tiene el porte o la figura del maguey. Alcanza de 60 centímetros al metro y medio de altura cuando se ha desarrollado el eje floral, del que se forma la piña entre la roseta de hojas. Éstas son de 10 a 20 en forma de espada cada una, aserradodentadas en los márgenes, con una espina en el ápice, coriáceas, miden de dos a tres centímetros de ancho y hasta un metro o más de largo.

Las flores son hermafroditas, violáceas, rojizas o de color lila, abortivas, dispuestas en una densa inflorescencia cilíndrica o algo cónica, de 5 a 10 centímetros de largo, sostenidas por un eje grueso, fibroso-carnoso, y coronado por un penacho de brácteas. El fruto es una infrutescencia de 15 a 40 centímetros de largo, carnosa, agridulce, aromática, jugosa, elipsoide u oblonga, formada por el eje floral engrosado. La pulpa es amarilla y la cáscara presenta relieves poligonales, ásperos y escamosos, de moreno anaranjado o amarillento verdoso.

El nombre de piña le fue dado a la planta y a sus frutos por los conquistadores españoles del siglo XVI, que encontraron a la planta semejante al pino piñonero y a otras coníferas. Los indígenas de la región del Caribe la llamaban *ananá*, de donde se derivó el nombre genérico de anona para todas estas plantas Bromeliáceas. Ahora muchos la llaman sencillamente piña de América.

Ya los indígenas prehispánicos hacían, con las cáscaras del fruto de la piña, una bebida agradable y refrescante, el *tepache*. Lo preparaban a la manera actual, hirviendo las cáscaras limpias en agua, con miel de maíz o de maguey en lugar del piloncillo que ahora se le pone. Le agregaban un poco de vainilla para mejorar el sabor en lugar de la canela que ahora se emplea. Moctezuma II tenía con frecuencia piñas en su mesa, y se deleitaba comiéndolas en los días cálidos para refrescar su real persona. Los españoles llevaron la piña a Europa desde el siglo xvi, y a finales del mismo, en 1594, se cultivaba en China, a donde había sido llevada del Perú. A este país había llegado antes de México, y se había aclimatado bien.

En los últimos tiempos de su historia, los indígenas prehispánicos llegaron a comer esta *piña cubierta*, delicioso platillo que preparaban así: se pela y se rebana una piña grande y se echa en agua hirviendo por unos minutos. Aparte se prepara un almíbar espeso con un vaso o jarro de agua, medio kilogramo o un jarro de miel de maíz o de maguey, y un canutillo de vainilla. Se le echan las rebanadas de piña y se dejan hervir durante 10 minutos. Se sacan y escurren y se deja consumir el almíbar. Se vuelven a meter las rebanadas de piña en el almíbar restante hasta que se seque y quede pegado a la fruta.

El plátano

Es la fruta tropical de mayor importancia en México, tanto por su sabor y valor nutritivo cuanto por la abundancia de su producción en las zonas calientes y húmedas del país. El nombre de plátano corresponde a varias especies de plantas perennes, herbáceo robustas y arborescentes, del género *Musa*. La variedad paradisiaca es la más común, originaria de la región indomalaya de Asia, es cultivada ampliamente en las regiones tropicales de México, en sus dos clases principales, con numerosas formas de cultivo. Es el plátano macho o plátano largo, que se caracteriza por sus flores masculinas persistentes. El fruto grande, de 25 a 30 centímetros de largo, tiene la pulpa poco dulce, por cuya razón se consume cocido, asado, en dulce o prensado, o bien crudo, como alimento para pájaros.

El plátano es una planta de dos a nueve metros de alto, con el tronco o falso tallo cilíndrico, grueso y pesado, constituido por las vainas engrosadas de las hojas. No es por tanto un verdadero tallo aéreo, sino un rizoma que forma estolones o ramas subterráneas horizontales, de las cuales pueden formarse hijuelos. Las hojas son largamente pecioladas, excepto en el plátano dominico o enano, cuyas hojas tienen el peciolo corto. Son además en forma de vainas, erectas o ascendentes, dispuestas en espiral. El fruto es una baya carnosa, amarilla, blanco-amarillenta, roja o morada, finalmente parda o negra, con numerosas semillitas negruzcas, por lo común atrofiadas, incluidas a lo largo de la parte central, la cual puede ser blanca, amarillenta o rosada. Cada mata produce un solo racimo que se compone de 5 a 20 haces o manos, y éstos llevan de 10 a 20 plátanos. Puede producir frutos durante varios años, porque aun cuando es cortada después de la cosecha, del rizoma se originan hijuelos que se desarrollan para formar nuevas plantas.

En Chiapas llaman *plátano tuno* a una especie pequeña, de dos y medio a tres metros de alto, cuya inflorescencia erguida lleva brácteas florales de color rojo escarlata brillante y flores amarillas.

Sumamente vistosa, es cultivada como ornamental. Produce plátanos pequeños, comestibles, aunque de no muy buen sabor. Originario del sur de China o Indochina, se aclimató en México desde tiempos muy antiguos, y todavía prospera como planta silvestre naturalizada, invadiendo potreros a lo largo de los caminos. Esta especie fue el plátano que más conocieron los indígenas prehispánicos, e incorporaron sus frutos a la cocina mexicana. Un dulce de *plátanos con chocolate* lo prepararon los indios desde tiempos antiguos, de acuerdo con esta receta: se mezclan seis plátanos tunos (o abacás), maduros y molidos, con medio jarro de pulque, una vaina de vainilla y 30 gramos de aceite de chía. Se hacen seis partes con esta mezcla, a las que se dan la forma de las frutas. Se les vierte por encima chocolate derretido y se deja reposar. Se espolvorea por encima coco rallado.

El zapote

Del nahua *tzapotl*, es árbol mexicano de la familia Sapotácea, de unos 20 metros de altura, con tronco grueso y recto, de corteza gris verdosa, madera blanquecina y copa piramidal. Sus hojas son lanceoladas, persistentes, algo lanuginosas por el envés. Las flores blancas en umbelas, y el fruto drupáceo, aovado, de unos siete centímetros de largo, con la corteza parda, dura y desigual, y la pulpa rojiza, muy suave y azucarada, comestible. Las semillas son negras, lustrosas y con almendra blanca y amarga, que tiene aplicaciones medicinales. El tronco destila un zumo o jugo lechoso, que se coagula fácilmente: es el chicle (*tzicli*), masticatorio y muy usado en la actualidad para limpiar los dientes y pasar el rato masticándolo.

Los antiguos indígenas prehispánicos llamaron a este árbol *tetzonzapotl* o zapote mamey, y fue ampliamente empleado en la alimentación y la medicina.

Son varias las clases que hay de zapotes, una de ellas, el *iztaczapotl* o zapote blanco, variedad de planta silvestre *Lucuma hypoglauca*, denominada también árbol de la vida. Su fruta, del tamaño de una naranja, es comestible, de cáscara dura y pulpa olorosa, muy estimada. Sus semillas son blancas y también aplicaciones medicinales.

Otra variedad de zapote es la sapotácea mexicana *Vitellaria salicifolia*, zapote amarillo o borracho, que los antiguos indígenas llamaron *cozticzapotl*. Por sus propiedades curativas lo emplearon exclusiva y ampliamente en medicina.

El *tlilzapotl*, o zapote prieto o negro de los antiguos mexicanos, es la sapotácea *Dióspyros obtusifolia*, árbol ebenáceo de hojas oblongas o elípticas, persistentes y de hasta 30 centímetros de largo. Sus flores son de corola blanco-amarillenta o verdosa, y su fruto subgloboso, de color verde olivo, con pulpa blanca u oscura, comestible. Recibe también los nombres de biaqui, guayabota, tauch o tauchia, y cuando está verde tiene propiedades medicinales.

Una cuarta variedad es el caimito o *Chrysophyllum coeruleum*, árbol sapotáceo de las Antillas, de corteza rojiza, madera blanda, hojas alternas y ovales, flores blancuzcas y fruto redondo, del tamaño de una naranja o pera, de pulpa azucarada, mucilaginosa, refrigerante. Es de excelente sabor y en medicina popular se usa exitosamente.

Finalmente el chicozapote, *Achras zapota* o *Manilkara zapota*, es el árbol de chicle. Originario de México, fue nombrado por los antiguos indígenas prehispánicos *tziczapotl*, y se propaga espontáneamente en las selvas de las tierras cálidas del sureste mexicano y de Centroamérica. El árbol alcanza una altura media de 15 metros, con follaje frondoso y siempre verde. Sus hojas son alternas y sus flores blanco-rosadas. El fruto es una baya del tamaño de una mandarina, de color gris, cubierta delgada y rugosa, algo áspera. La pulpa es blanca o rosada con negros huesos o semillas brillantes, puntiagudos y muy duros. Su cascarilla es de color blanquecino o café claro cenizo. Sus hojas se parecen mucho a las del naranjo y su fruto, identificado con el zapote prieto, es comestible. De su tronco se extrae el látex, chicle o goma de mascar, sustancia blanca-lechosa que se llama *glutinosa*, y que es antitérmica, sudorífica y diurética.

Los antiguos indígenas prehispánicos preparaban con la pulpa del chicozapote un excelente *dulce de chicozapote*, que preparaban así: molían en el molcajete dos chicozapotes grandes sin sus semillas, agregándoles medio vaso de pulque y otro medio de leche de perro techichi o de venado. Lo agitaban todo bien hasta que espesaba, y luego lo dejaban reposar en una jícara extendida, adornando el condumio, por encima, con trocitos de cacahuates. Otro *dulce de chicozapote con chocolate* lo preparaban así: en una pequeña cazuela ponían 150 gramos de chocolate, cortado en trocitos y una vaina de vainilla, más dos cucharadas de leche de perra techichi o de venado. Lo dejaban derretir a fuego lento durante cinco minutos, moviendo con la paleta o cuchara de madera. Tomaban 24 trozos grandes de tortillas de maíz tostadas y colocaban cuatro de ellas en torno a seis cazuelitas de barro. Llenaban las cazuelitas con pulpa fresca de chicozapote; vertían por encima la salsa de chocolate tibia y se dejaba enfriar. Entonces adornaban las cazuelitas con cacahuates desmenuzados y capulines bañados en algún almíbar de mieles de maíz o maguey.

Entre los dulces mexicanos todavía en uso, pero derivados de los antiguos indígenas, se cuentan: las marquetas de alegría, el mezquitamal, las cajetas de Celaya, las pepitorias de Oaxaca hechas de cacahuates o de pepitas de calabaza, las frutas cubiertas de Puebla, las palanquetas de Pachuca, el queso de tuna de San Luis Potosí, los chongos zamoranos, los ates de Morelia, los arrayanes y tamarindos de Guadalajara, las frutitas de dulce y almendra de Jalapa, los camotes y calabazas en tacha, etcétera.

El sagrado maíz

El maíz, originario de México, fue conocido por las gentes de Europa el año mismo en que Cristóbal Colón descubriera América. El 3 de noviembre de 1492, después de bajar a tierra en la isla Fernandina, dos marinos del almirante regresaron a su nave con un puñado de maíz. En ese momento se empezó a conocer en el mundo el mágico cereal, el grano sagrado que fue dádiva de los dioses mexicanos y sustancia activa de hombres y pueblos. Esa divina gramínea había formado a todas las civilizaciones del Nuevo Continente, y habría de ayudar, en lo sucesivo, a conservar las viejas civilizaciones orientales y europeas.

El maíz llegó pronto a España, se aclimató de inmediato, y fue distribuido al mundo, según cuenta el relato que hiciera Martín Fernández de Navarrete de la expedición colombina: "Hicieron traer pan y muchas maneras de frutas y vino, mas no uvas, y así mismo debe ser el maíz, que es una espiga como una mazorca que llevé yo allá (a España) y hay mucha en Castilla".

En la *Vida del almirante Colón*, escrita por su hijo don Hernando, aparece el siguiente párrafo: "Y que había muchas simientes y de otro grano, como panijo, llamado por ellos maíz, que es de buenísimo sabor, cocido o tostado o molido en puches".

El nombre de maíz, *mahís* o *mahys*, que Linneo adoptó para designar científicamente a la planta *Zea mahis*, o "causa de la vida", es de origen haitiano. Los nahuas llamaron en México al grano y la planta *tzintli* o *atzintzintli*, según consta en sus antiguos códices. *Tzintla* era una derivación de las voces *iziz y centli*, que en huasteco significó grano de hormiga porque, según una hermosa leyenda, los seres humanos descubrieron el maíz cuando vieron a unas hormigas que llevaban unos granos a su hormiguero. Se trataba entonces de unos granos pequeños, semejantes a los del trigo y el arroz, porque el maíz no estaba domesticado y se daba en espigas en forma silvestre. De la domesticación o cultivo del maíz primitivo, las espigas tunicadas se convirtieron en mazorcas, lo cual pasó, según la historia, 5 mil años antes de Jesucristo.

Los primitivos domesticadores del grano en la Huasteca mexicana llamaron al maíz cultivado *tonacayo*, que significa "nuestra carne", porque otra leyenda antigua dice que en un principio el ser humano fue hecho de masa de maíz cuando fracasaron en vivir y medrar los hombres hechos de barro, de madera y de otros materiales. Los antiguos mayas llamaron *ixim* al maíz e Ixmucané fue la madre de todas las deidades, la abuela que simboliza al tiempo, y aglutina en una sola voz a la madre y al maíz: *ixim* y *mucan*. Muchos siglos después los nahuas (aztecas), herederos de las viejas culturas del sureste, llamaron al maíz *teocintle* (*tzis* y *centli*) o alimento de los dioses.

Los antiguos toltecas, que decían haber encontrado al maíz silvestre en Tamoanchan, lo llamaron con una vieja voz maya:

puxpuch. Los investigadores creen que el maíz apareció, en estado silvestre y en tierras mexicanas, desde hace unos 12 mil años. La edad neolítica o del nacimiento de la agricultura empezó en México y en América hace unos 8 mil años, y fue entonces cuando el maíz fue domesticado.

En el libro sagrado de los mayas, el *Popol-Vuh*, se habla de la creación del hombre hecho con masa de maíz, en los siguientes términos: los dioses, los constructores, los formadores, las madres y los padres de la vida, habían formado al que debería adorarlos con barro de la tierra, pero aquello "se caía, se amontonaba, se ablandaba, se mojaba, se cambiaba en tierra, se fundía", y tuvieron que destruirlo. Intentaron, después, construirlo de madera, pero "aquello no era más que un maniquí, sin ingenio ni sabiduría", y tuvieron igualmente que aniquilarlo. Hasta que, descubriendo el maíz, hicieron con él una masa que entró en la carne (se convirtió en carne), en la sangre y en los músculos de los seres, sustentándolos desde entonces con gran fortaleza.

Según la tradición de los pueblos mexicanos, los primeros seres humanos, los *pashil*, fueron hechos de maíz y alimentados con sus granos. Tal fue el alimento de los primeros seres humanos que el cenáculo de los dioses creara en Tamoanchan. Uno de los dioses nahuas del maíz, Centeotl, fue hijo de Tlazolteotl, (*tlazole* llamaban los indígenas a la espiga o punta de la caña de maíz), deidad de origen huasteco que había nacido en la antigua Tamoanchan o Xochitliacan.

El texto tolteca de la creación del hombre dice que después de haber fracasado todos los intentos para crear a la humanidad, el dios Quetzalcóatl bajó al reino de Mictlantecuhtli, el dios de la muerte, y ahí recogió los huesos de los hombres y de las mujeres que habían vivido antes. Con su propia sangre, y con la ayuda de

Coatlicue, diosa de la fertilidad, molió los huesos y formó la masa con que moldeó al hombre nuevo. Pero ¿cómo viviría aquel nuevo ser, si le faltaba el sustento? Y fue entonces que el propio Quetzal-cóatl se transformó en hormiga negra y fue a traer los granos de maíz, que la hormiga roja de los huastecos había descubierto.

La preciosa leyenda del descubrimiento del maíz se puede leer en el *Códice Chimalpopoca*, en los siguientes términos:

Al ser creados, los dioses se preguntaron: "¿Qué comerán los dio-ses? Ya todos buscan alimento". Luego fue la hormiga a coger maíz desgranado dentro de *tonacatepetl* (cerro de las mieses). Encontró Quetzalcóatl a la hormiga y le dijo: "Dime dónde fuiste a cogerlo". Muchas veces le preguntó, pero la hormiga no quiso decirlo. Luego le dice que allá (señalando el lugar), y la acompañó. Quetzalcóatl se volvió hormiga negra; la acompañó y entraron, y lo acarrearon ambos. Esto es, Quetzalcóatl acompañó a la hormiga colorada hasta el depósito, arregló el maíz y luego lo llevó a Tamoanchan. Los mascaron los dioses y lo pusieron en nuestra boca para robustecer-nos. Después dijeron: "¿Qué haremos del Tonacatepetl?" Fue solo Quetzalcóatl, lo ató con cordeles y lo quiso llevar a cuestas, pero no lo alzó. A continuación, Oxomoco echó suertes con maíz, también agoró Cipactonatl. Por fin, los dioses de la luvia traen tierra y Na-nahuatl desgrana el maíz a palos.

Otra leyenda, que recogió el padre Olmos, hace brotar al maíz del cuerpo de una deidad:

Todos los dioses bajaron a una caverna, donde el dios llamado Pie-cutecutli se durmió con una diosa nombrada Xochicoelli, de la cual nació el dios llamado Tzinteotl, el cual se metió bajo la tierra y de sus cabellos salió el algodón, y de un ojo una magnífica simiente que comieron con gusto, al que llamaron primitivamente *xanath-quez*. Del otro salió otra simiente llamada *chía*, que es buena para beber en verano. De los dedos salió una fruta llamada *camotl*, que es una buena fruta, como los nabos. De las uñas otra clase de maíz largo, o sea el que comen en la actualidad. Y del rostro y del cuerpo le salieron otras frutas, que son las que siembran y cuecen los hombres.

Existe en la teogonía mexicana y centroamericana varias deidades del maíz, algunas de cuyas representaciones son eternas preseas de la estatuaria universal, como Chilonen y Chicome-cóatl, las mexicanas, que llevan en las manos, en el tocado o en vasos diversos las espigas de esa extraordinaria planta en sus variedades primitivas, como la *Pilosum*, la *Tuxum* y la *Latifolium*, que son muy vigorosas y perennes, a diferencia de la moderna, *Zea mahis*, la cual dio mazorcas en lugar de espigas, al ser culti-vada e hibridada por el ser humano.

Vimos ya cómo, entre los antiguos mexicanos, el dios prin-cipal del maíz era *Centeotl* (*Tzinteotl*), diosa de origen remoto. Pues bien, los antiguos mexicanos idearon varios dioses para los distintos estados de desarrollo o partes del maíz: Centeoticihuatl, la diosa del maíz maduro, Xilonen, la diosa del maíz tierno, Xi-petotec, dios de la siembra del maíz, Chicomecóatl (siete ser-pientes o siete mazorcas), la diosa de los mantenimientos, la más importante de todas las deidades de la vegetación. Durante las festividades dedicadas a Centeotl, los nahuas o aztecas entonaban un himno que aludía al origen geográfico del maíz, la Huasteca, que decía así: "Ha nacido el dios del maíz en Tamoanchan, en el lugar en que hay flores. El dios 1-Flor, el dios del maíz ha nacido en el lugar en que hay agua y humedad, donde los hijos de los hombres son hechos. En el precioso Tamoanchan ha nacido el dios del maíz".

Según las leyendas y la historia, el maíz empezó a ser cultivado en Tamoanchan, en la Huasteca mexicana, que es tierra baja, fecunda, primorosa, paraíso del oriente, lugar del ave y la serpiente, de la procreación, del parto, mansión de dioses y colosal sitio de abundancia. Un residuo que constata hechos es el que los huastecos vivan todavía en Tamoanchan, la tierra de la abundancia agrícola, donde el maíz todavía crece silvestre, a pesar de las especies modernas resultantes de la domesticación y la hibridación.

El doctor Sylvanus G. Morley da testimonio de un manuscrito del siglo XVI, la *Crónica de la santa provincia del santísimo nombre de Jesús de Guatemala*, en el cual se leen los siguientes párrafos: "Si bien se advierte, todo cuanto hacían y decían (los indios) era en orden del maíz, que poco faltó para tenerlo por dios, y era y es tanto el encanto y embeleso que tienen con las milpas, que por ellas olvidan hijos y mujer y otro cualquier deleite, como si fuese la milpa su último fin y bienaventuranza".

Luego, el mayista y doctor J. Eric S. Thompson corrige diciendo: "Esto viene muy a punto, pero el cronista cometió un error. Los indios sí miraban al maíz como un dios, por más que tuvieran buen cuidado de no hacer que los frailes (de la evangelización hispana) lo supieran. Aún hoy, tras cuatro siglos de cristianismo, se habla de él con reverencia y le llaman *Su Gracia*".

El maíz mexicano llegó con la difusión a través de la historia, a convertirse en una de las tres gramíneas alimenticias básicas del mundo, que han creado, sostenido y alentado las tres más grandes civilizaciones: la *europea del trigo* del Mediterráneo, que forma y conforma el haz de naciones de Europa que más significación histórica y cultural ha tenido, y que a través de España incorporó a

América a su desarrollo cultural. La *asiática del arroz*, que forma y domina al continente asiático y a Oceanía, y luego ayuda a fortalecer, con su alimento, a los pueblos de Europa y América. Y la *americana del maíz*, que anudó en el vasto Nuevo Continente a decenas de pueblos, y mediante la dominación española salió al mundo a colaborar en el mantenimiento de todas las naciones del orbe.

El maíz parece ser un huérfano entre las gramíneas del mundo, pues no pertenece a ninguna familia botánica. La simiente original no tuvo tiempo de mezclarse con otras, hasta que los seres humanos aparecieron en la región de su proliferación. Cuando los seres humanos procedentes de otros sitios lejanos llegaron a Panutla (Pánuco), el maíz era selvático y tunicado. Pasaron a Tamoanchan, donde se asentaron y empezaron a cultivar la extraña planta y del cultivo y la hibridación surgió el maíz de mazorca, que habría de acompañar a las tribus en sus desplazamientos a Coahuacán y a Tollan.

El profesor Paul C. Mangesdorf, genetista norteamericano, realizó un descubrimiento arqueológico de gran importancia en 1949, al encontrar en una cueva de Nuevo México, Estados Unidos, restos acumulados en capas superpuestas de civilizaciones indígenas. En las más profundas halló restos de espigas de maíz primitivo, y en las superiores de mazorcas. Mediante el método del Carbono-14, los testimonios más antiguos del cultivo del maíz corresponden a hace 5 600 años, fecha en que aparece ya el maíz de mazorca, después de milenios de cultivo e hibridación de esa planta.

La planta actual del maíz es anual, de raíz fibrosa, tallo cilíndrico macizo y nudoso, hojas en número de 8 a 10 de un metro de largo. Es planta envainadora y, a diferencia de otras, no tiene una, sino dos flores diferentes en un mismo tallo: las flores masculinas, que aparecen antes que las femeninas, que forman la inflorescencia del racimo en espiga. Las flores constan de grumo y gluma opuesta;

tienen estambres de filamentos largos y de anteras insertadas en el dorso (anteras versátiles). Los estambres de las flores externas, que maduran al último, tienen el filamento corto. La antera madura consta de dos cavidades cilíndricas que representan una abertura oblicua, por la que dejan escapar el polen. Éste es abundantísimo, pues cada antera produce 2 mil granos aproximadamente. La flor macho es la borla, a modo de árbol, del cogollo, y es la que esparce el polen.

La flor hembra es el brote que está más abajo, en la caña, con el penacho sedoso de la mazorca. Las flores femeninas se producen en racimos de tres o cuatro espigas y sólo madura la terminal. Sus florecitas se encuentran en pares, a lo largo del eje de la espiga, que es gruesa, y tiene seis envolturas que protegen al ovario, que está a lo largo del estilo. El polen de la borla cae en el penacho pegajoso, fertilizando a la flor hembra, que se desarrolla en la mazorca madura. Cada grano de maíz es producido por un germen microscópico de polen; cada borla produce más de 20 mil veces el polen necesario para fertilizar el brote de su propio tallo, y tal polen vuela al de al lado cuando no se le controla; el control es indispensable en el actual método de hibridación del maíz cultivado.

El sistema para obtener maíz híbrido en nuestra época fue originado por A. D. Shamuel y G. H. Schuil en 1904 mediante laboriosos estudios realizados en la Universidad de Illinois en Estados Unidos. Otros investigadores, entre los que figuraba Lester Phister, continuaron los experimentos, para lograr cruzamientos de diversas variedades de maíz, con mejores calidades. Las nuevas plantas son más uniformes, más resistentes a las plagas, a la sequía, al mal tiempo y producen cantidades más grandes de granos, más alimenticios y baratos.

Los antiguos indígenas mexicanos practicaron la hibridación del maíz por instinto. Acostumbraban sembrar su maíz en forma de mata, para lo cual hacían un hoyo en la tierra, y en él depositaban granos escogidos, seleccionados con cuidado: un grano de color rojo, uno morado, otro amarillo y uno blanco, los cuatro granos que por costumbre colocaban en cada hoyo de siembra. Sabían por experiencia que tal método favorecía más sus cosechas, pues el aire o los insectos mezclaban el polen de los distintos granos, lo cual aumentaba las cosechas y producía mejores granos, más fuertes.

Alzate se refiere a los métodos de cultivo del maíz que tenían los antiguos indígenas de Xochimilco, quienes sembraban maíz pregerminado, con la cual obtenían gran producción por hectárea. Tal método se emplea todavía para acelerar y aumentar la producción.

Los totonacas de la costa del golfo de México, por su parte, sabían fecundar artificialmente la flor de la vainilla.

Productos del maíz

Las mazorcas de maíz, simplemente cocidas en agua hasta que los granos quedan tiernitos, se comen untándoles sal, a veces chile y en ocasiones limón. Son los elotes comunes, que la gente come en las esquinas de las calles, donde carritos con sus botes hervorosos los venden calientitos al consumidor. Y ahora hay un manjar nuevo, las palomitas de maíz, que es maíz seco, tostado y reventado, que se aderaza con sal o con azúcar y hace las delicias de mexicanos y norteamericanos en las ferias y cines.

Y se multiplican los platillos elaborados basados en el maíz, en los países en que tal gramínea se come, aunque generalmente son los mismos platillos mexicanos con distinto nombre: a las mazorcas las llaman *choclos* en Sudamérica, *arepas* a las tortillas y *mazamorra de claro* al atole blanco. Y en el mundo se consumen aceites para cocinar, sacados del maíz, hojuelas para el desayuno, almidones para la ropa, colores para caramelos, mieles para dulcería y repostería, postres diversos, dextrinas y glucosas,

pegamentos y productos para las industrias cervecera y farma-
céutica.

Las espigas del maíz, generalmente desperdiciadas después de
que son cortadas de las plantas que producen el maíz híbrido, constituyen un excelente alimento para las aves de corral y forraje para
el ganado. Cortadas poco antes de que el polen comience a caer,
contienen aproximadamente 12 veces la cantidad de vitamina A,
ocho veces la de vitamina B2, el doble de vitamina B1, tres veces
la cantidad de niacina y tres la dotación de ácido pantoténico que
contienen los granos del maíz. Además, la proporción de proteína
también dobla a la del maíz, según descubrimientos realizados en
laboratorios de investigación de Estados Unidos.

Las sémolas y tortas de maíz se conocen en Italia con el nombre de *polenta*, en Servia con el de *progara* y en el sur de Rusia
con el de *mamáliga*. Y aun los hongos del maíz tierno se comen en
México como los comieron los antiguos indígenas prehispánicos,
en los tacos de huitlacoche, que es el nombre del hongo maicero en
lengua nahua. Con la harina de maíz puede hacerse pan, semejante
al de la harina de trigo y de centeno. Y con la fécula del maíz se
obtiene el almidón industrial. Y mil cosas más produce el sagrado
grano que adoraron los antiguos pueblos de México por haber sido
su forjador y sostén. Y porque el maíz es la vida y holgorio del
mexicano mismo, "cuando las tortillas reducen su tamaño o elevan
su precio, el pueblo mexicano insurge en tumultos, como aquel fa-
mosísimo del 8 de junio de 1692, que puso en peligro la estabilidad
del Virreinato".

Al pan de maíz, que es la tortilla, acompaña la bebida del
maíz, que es el atole, y el plato fuerte del maíz, que son los tamales. El atole guarda su nombre del nahua *atol* o *atolli*, y denota la
bebida hecha con masa de maíz desleída en agua, hirviendo hasta

que adquiere el espesor debido. El más común es el atole blanco, sin sabor alguno, aunque puede tomarse acompañado de trocitos de dulce de piloncillo, sacado de la caña de azúcar. Y hay otros atoles dulces y de sabores azucarados, con canela y trocitos de frutas, aunque los antiguos mexicanos prehispánicos no tomaban otro atole que el blanco, pues los demás fueron invenciones hispanas o mestizas, más o menos modernas.

Clásico es ahora el champurrado o atole dulce con chocolate, el de piloncillo con leche y canela, el de pinole o maíz tostado y molido, el de maizena o fécula de maíz, el agrio chiapaneco, y aún el chileatole que lleva queso y chile para desconcertar al más enterado. Hay otras bebidas de maíz, que no son ya derivadas del atole, como el pozol tabasqueño, chiapaneco y yucateco, el tiltechate nevado de Joanacatepec, el tesgüino tarahumara, huichol y cora, que se hace con granos de maíz cocidos y masticados para que fermenten más pronto con la saliva humana y produzcan un licor suave. El mismo whisky se elabora con maíz.

En la antigüedad, en el encantado reino maya, en la tierra de los faisanes, los venados y los colibries. Ixmucané, dios alquimista, mezcló y probó toda clase de alimentos, "para descubrir en el maíz la sustancia que permitiría al género humano subsistir, a pesar de los terremotos, las inundaciones o la erosión de las tierras taladas".

Los elotes cocidos los comían los antiguos indígenas prehispánicos metiendo en un jarro grande seis elotes medianos, tiernos, bien lavados y sin hojas. Ponían agua en la vasija hasta que cubriera los elotes, y hervían la olla o el jarro. Agregaban sal y pimienta de la tierra al gusto, y lo dejaban así hasta que los elotes quedaban tiernitos.

La sopa de elote la hacían así: freían en aceite de chía una cebolla bien picada, con un jitomate bien molido. Agregaban los granos de tres elotes crudos, molidos y disueltos en dos litros de caldo, más los granos cocidos y enteros de los otros tres elotes. Se sazonaba todo con sal y pimienta de la tierra y se dejaba hervir hasta que espesara y se cocían los elotes molidos. Se retiraba del fuego y se servía caliente.

La torta de elote la preparaban los indios haciendo una mezcla con los granos de ocho elotes y un chile poblano limpio y cortado en rajas. Ponían la mezcla en una olla con agua y dos cucharadas de aceite de chía al fuego directo. Con la olla tapada dejaban hervir el condumio hasta que quedaban cocidos los granos y se consumía casi totalmente el agua. Sacaban la pasta y la servían en una cazuela, donde al enfriarse quedaba hecha la torta.

Los tamales se hacen con la masa ordinaria del maíz, que se prepara moliendo el nixtamal para hacer las tortillas. La masa se pone en bolas o bollos en hojas de maíz tomadas de la mazorca tierna, si son hojas secas se ponen a remojar antes para ablandarlas. Esos son los tamales gruesos que come la gente rústica. Pero si la masa va bien molida y lleva dulce y color, son los deliciosos tamales de dulce, si se les pone chile y carne son los tamales de chile, y si son grandes y se envuelven en hojas de plátano, son los tamales sureños de Oaxaca o Chiapas. Todos los tamales se cuecen en ollas de barro o botes de lámina, colocándolos sobre una rejilla de metal, madera o varas, con agua debajo para que, al hervir, sólo el vapor cueza los tamales, que es el secreto de la olla de los tamales, antecedente de la vaporera o actual olla a presión.

Con algunos errores, los españoles, como el padre Bernabé Cono, describieron los tamales así:

Suelen los indios hacer de la misma masa de maíz unos bollos que cuecen, unos en las brasas y otros en agua, envueltos en hojas de árboles o de otras plantas. Estos bollos son de muchas maneras.

Unas veces no tienen más que la masa de maíz, y éstos son de dos diferencias. Unos gruesos, bastos, hechos sin curiosidad, como decimos acá pan de toda harina, que en la Nueva España come la gente rústica y los maceguales o mitayos. Otros bollos pequeñitos se hacen más regalados de la flor de la harina: son blancos y delicados, porque los hacen de maíz despepitado, que es habiéndole quitado, antes de molerlo, aquella rasilla que tiene con que está salido en el elote. A esto han añadido los españoles amasarlos con azúcar, y se ponen por regalo en la mesa, lo cual se usa mucho en México, donde yo los comí algunas veces.

La otra manera de hacer estos bollos de maíz es cuando lleva dentro carne con mucho chile, y éstos son los que en la Nueva España llaman tamales. Suélenlos envolver, para cocerlos, en las hojas o túnicas del elote, y sólo para esto se venden esas hojas en manojos en toda la Nueva España. Mas en esta ciudad de Lima los envuelven en hojas de plátano. Han sabido mejorar mucho los españoles estos tamales, porque los hacen con más recaudo y curiosidad que los que usaban los indios. Los ordinarios que se venden en las plazas son de carne de puerco, mas los que se hacen de regalo llevan carne de gallina o de pollos y palominos.

Desde el tiempo de los antiguos indígenas, éstos sabían ya que la masa de los tamales debía molerse más fina que la de las tortillas, y se mezclaba con grasa para darle suavidad. Fueron al parecer los españoles los que idearon hacer tamales más grandes y envolverlos en hojas de plátano, como dice el padre Cobo que se hacía en Lima y ahora se estila en el sur de México; porque el plátano grande fue una fruta importada. Dicen los yucatecos que el tamal cocido en el *pib*, u "hoyo para la barbacoa", "retiene de la tierra leve sabor maravilloso": un tamal sui géneris es el *mukbilpollo* yucateco, envuelto en hojas de plátano "con reflejos de moaré de seda". Esas hojas envuelven un delicioso guisado de cerdo y pollo, finamente picados y adornados con trocitos de jitomate y ramitas de epazote. Sus condimentos son: ajo asado, cominos, orégano, pimientas de Castilla y de Cayena, todo molido en el metate y bajado con jugo de naranja agria. Es el tamal más elaborado que existe.

Las tortillas, delgados discos de masa de maíz que se cuecen al calor del comal, pueden ser continente y contenido de alimentos muy diversos. Las *martajadas* son tortillas que se preparan sin moler mucho la masa del maíz y se hacen más gruesas que las tortillas ordinarias. Las *memelas* también son gruesas, pero más molida la masa, lo cual les proporciona un sabor distinto. Las *tostadas* se doran al fuego, para que sus almidones se tonifiquen. Los *totopos*, dorados en manteca y clavados en frijoles refritos, son deliciosos en las papas con longaniza, los huevos revueltos y los sesos fritos. Las *gordas* de maíz, alargadas o redondas, de manteca, dulce o chicharrón, pellizcadas y calientes, son para chuparse los dedos. Las *gorditas* de la Villa de Guadalupe son pequeñas, como gotas tostadas, que saben distinto si son de azúcar o piloncillo, si llevan huevo o leche, y si están espolvoreadas de canela. Los *tlacoyos* son auténticas empanadas de maíz, con un sabroso relleno de frijol, arvejón, haba, chicharrón o flor de calabaza. Las *quesadillas* van dobladas en dos, con los mismos ingredientes anteriores. Las tortillas de maíz son sabrosas siempre, lo mismo solas, bien calientes y untadas con sal y chile, que desmenuzadas y guisadas con jitomate y cebollas, en un buen caldo, que es la estupenda *sopa de tortillas*. Los *chilaquiles* con esa misma sopa, sin el caldo, e impregnadas las tortillas de chile colorado. Las *enchiladas* llevan envueltas las tortillas, como tacos con relleno, y se espolvorean por fuera de queso rallado y se adornan con tiras de lechuga. Las *garnachas* y *chalupas*, fritas o adobadas, llevan su cargamento de queso añejo y de carne deshebrada. Los *tacos*, tan populares, llevan envueltos en la tortilla un poco de carne, o papas o queso, y se fríen en aceite o manteca, adornados por fuera con lechuga y rabanitos. Hay también tacos secos, sin adornos ni guisos, que llaman *tacos de canasta*. Y hay otros largos que sí se doran y tuestan en manteca, y son llamados *pipas* o *flautas*. Los indígenas prehispánicos llamaron a los "tacos" precisamente *tlatlaololli*, que significa "tortilla con relleno", y de esa voz se derivó la de tlacoyo.

Hay una letanía de deliciosas transformaciones de la mexicanísima tortilla, que tiene todavía otros muchos modos de comerse. Alguien afirmó que los hombres de Cuicuilco, con una antigüedad no inferior a los 10 mil años, creadores de una primera cultura en el valle de México, ya habían inventado la tortilla, esa extraña síntesis alimenticia, tela flexible, sumamente plástica a las manos, y que es a la vez pan, mantel y servilleta portátil; cuenco, plato, cuchara y tenedor, hojaldre para envolver viandas; base, condimento, auxilio y adición de otros platillos; ya empleada recién hecha y calientita, o fría y dura, remojada y vuelta a cocer, tostada y desmenuzada; depósito de las vitaminas que logran reunir la industria del pobre y el dispendio del rico, en su sabrosa vestimenta.

La tortilla, como el cazabe de los caribes, viaja con el hombre nómada y acepta todos los alimentos: ajíes o chiles verdes, amarillos o rojos, que se encuentran en la expedición. Y cuando está picosa, con sus ingredientes de chile y cal (tequesquite), es comida estimulante para vencer el frío de las tierras altas. "Comida que se servía a los estoicos Caballeros Águilas y Guerreros Jaguar, para los combates y las guerras floridas". Los entendidos indígenas prehispánicos afirmaron que es mejor el maíz que se muele en el metate porque la masa del nixtamal se pasa y se repasa en él. Durante miles de años las mujeres indias molieron el nixtamal del *totoposque*, como decían los nahuas, o del *ixuaque*, que dijeron los mayas, o del *guetawana*, según llamaron los zapotecas a la ración de masa de maíz para una comida.

Los *chilaquiles de calabaza* los preparaban los indígenas prehispánicos así: hervían 15 calabacitas, doraban en aceite de chía tres cuartos de kilogramo de tortillas cortadas en cuadritos, asaban seis chiles anchos frescos y pelados, y los cortaban en rajas. Cortaban también en rebanadas las calabacitas, y revolvían todo en una gran cazuela que ponían al fuego, tapada y con poca agua para que el vapor cociera todo. Para ello cuidaban que en el fondo de la olla hubiese agua, y las materias del cocimiento quedaban encima, sobre una parrilla interna.

Las *quesadillas de cáscaras de papas* se preparan así: se ponen a cocer a fuego lento las cáscaras de papa que se deseen, con aceite de chía, sal y chilitos verdes picados, una rama de epazote y agua suficiente para cubrir todo. Cuando ya esté suave se retira y se acomoda una cantidad de esa mezcla sobre las tortillas necesarias. Se doblan y se doran en aceite de chía caliente. Se escurren perfectamente, y se sirven calientes.

Una forma de preparar los *panuchos de cazón* es ésta: se guisa el pescado (de preferencia cazón) con un jitomate picado y un chile ancho cortado en rajas en bastante aceite de chía. Se retira del fuego la mezcla, y con ella se rellenan tortillas acabadas de hacer, que no tengan agujeros. Para ello se les levanta la pielecita que tienen por un lado, procurando que salga entera y que no se rompa. No se desprende totalmente de todo el derredor, solamente de un lado y con un cuchillo se desprende por dentro, para que quede una especie de bolsa; se rellenan las tortillas con la mezcla, procurando que no queden demasiado llenas, para que no se rompan. Estas tortillas se fríen en bastante aceite de chía, y se sirven calientes, acompañadas de la siguiente salsa: en una cazuela se ponen dos jarros de agua y dos de vinagre y en el líquido se cuecen cuatro cebollas grandes, cortadas en rodajas o rebanadas, con sal. Cuando hayan hervido un buen rato se sacan y se dejan enfriar, agregándoles aceite de chía crudo. Con esta ensalada se bañan los panuchos y quedan exquisitos.

Por último, las *tostadas de frijoles* se preparan así: se fríen en aceite de chía 12 tostadas de maíz, se untan de frijoles refritos; se les pone encima una mezcla de carne de guajolote deshebrada, tiritas de aguacate, rebanadas de cebollas desflemada, aceite, vinagre, sal y pimienta de la tierra. Finalmente se bañan por encima con salsa de jitomate, que se prepara moliendo tres jitomates grandes, una cebolla finamente picada, vinagre y sal al gusto.

COCINA
PREHISPÁNICA
mexicana
La comida de los antiguos mexicanos
terminó de imprimirse en 2020
en Litográfica Ingramex, S.A. de C.V.
Centeno 162-1, colonia Granjas Esmeralda,
alcaldía Iztapalapa, 09810, Ciudad de México.